本音に気づく会話術

西任暁子

ポプラ社

本音に気づく会話術

西任暁子

ポプラ社

本当に思っていることなんて、言えない。
そう思われるかもしれません。

言いたいことを言ったら嫌われる。
本音を言ったら、もめるに決まっている。
そこで相手が気に入りそうな話で取りつくろって、
ぐったり疲れてしまう。

もうそんな生き方は、手放してみませんか？
自分が言いたいことを言っても、
良い関係を築ける話し方があるからです。

はじめに

あなたは、どれくらい本音で話せていますか？

そう言われた時、こんな場面が頭をよぎるかもしれません。


上司に「何を言いたいのかわかりません」なんて思っていても、言えない。

お客様に「休みの日にまで電話しないでください」なんて言ったら、怒られてしまう。

恋人に「今日は、会いたくない」なんて言ったら、どうなることやら。


確かに、どれも言いづらいことばかりですね。相手の顔や、言ったあとのことを考えると、怖くて言えない。そう感じるでしょう。

そして今あなたは、それを言えたらどんなにいいだろう、と思っているかもしれません。心の中にある「本音」をそのまま口にして生きられたら、どんなにラクだろうと。

でも、そんなことをして相手を傷つけたり、困らせたり、自分の生活が立ち行かなくなる事態なんて、望んでいないでしょう。だから、思ったままの「本音」を口走ったりしないように我慢している。

ここで一度、立ち止まって考えてみませんか。先ほどのかぎ括弧でくくられたセリフ。それは、本当にあなたの本音でしょうか？

何をおかしなことを言うんだ、当たり前じゃないか。それを言えないから苦労しているんだ！　そう思われるかもしれません。

ただ、私はこう思うのです。**あなたが言いたいと思ったそのセリフは、あなたの本音ではない。あなたの真の本音は、その言葉よりもっと奥深い場所に潜んでいるのだと。**

多くの人が本音を誤解しています。だから、真の本音とは何かに気づけた瞬間、会話は、今まで経験したことのないやりとりへと変わり、相手との関係はつながりを深め、生きることそのものがもっと自然で、ラクになっていくのです。

……と言われても、きっと全然ピンとこないでしょう。

だいじょうぶ。ご安心ください。それを今からご説明していくのですから。

私は、大学時代にラジオDJとしてデビューしました。友だちに誘われたオーディションに合格したことがきっかけです。それから15年間、毎日のように生放送で話をしてきました。そして、東京FMの朝の看板番組を最後に、ラジオDJとしてのキャリアをいったん休業。スピーチ・コンサルタントとして独立してからは、ビジネスの分野で伝わる話し方を探究してきました。そんな経験を通して、気づいたことがあります。

それは、**魅力的で愛される人ほど「本音」を話している**、ということ。

魅力的な人には、嘘や無理がない。「そのまま」なのです。「言葉＝その人」、という感じさえします。私もそんな人になりたくて真似をしてみたのですが、なぜかうまくいきません。それどころか、相手を傷つけてしまい、自己嫌悪に陥る始末……。

この違いは天性のものなのか？　人間としての器の違い？　それともスキル不足？

その答えを知りたくて、演劇、歌、ボイス、ボディーワークに瞑想、心理学、コミュニケーションと、海外にまで飛び出して、あらゆる分野の学びを深めてきました。

そしてようやく、私はその答えにたどりついたのです。

どんな人でも、言いたいことを伝えながら、まわりの人と良い関係を築ける方法があ

る。むしろ、思っていることをちゃんと言葉にするから、良い関係は築いていけるのだと。

この本では、そんな、私が20年かけてたどり着いた「本音を言い合える関係作りの方法」をお伝えしていきます。

必要なスキルは、次の3つです。

スキル1　自分の本音に気づく
スキル2　相手の本音を聞く
スキル3　自分の本音を伝える

まずは、「自分の本音に気づく」ための技術。

当たり前ですが、本音は、気づいてこそ語れるもの。気づいていない本音は、どう頑張っても伝えることはできません。

たとえばこんな場面です。

「今日は久しぶりに早く帰るよ」

朝、夫は妻にそう言って職場に出かけていきました。

今日は久しぶりに家族そろってご飯が食べられる。喜んだ妻はスーパーに向かうと、奮発して良いお肉を買い、すき焼きを作ることにしました。小学生の息子も大喜びです。そして、夜7時。夫はまだ帰ってきません。そろそろ帰ってきてもおかしくない時間なのに、何かあったのかしら。妻は携帯電話を片手に待ち続けます。ところが連絡もないまま夜9時を過ぎ、息子が「お腹空いた〜」と泣き始めたその時です。ガチャ。夫が帰ってきました。

イライラの頂点に達した妻は、夫の顔を見るや否や言い放ちます。

「なんでこんなに遅いのよ！」

夫も負けじと反論します。

「俺だって早く帰ろうとしたんだよ。でも上司から急に仕事を頼まれて断れなかった。仕方ないだろう！」

「だったら連絡くらいしてよ！　だいたいあなたはいつも……!!」

こうして、夫婦喧嘩へと突入です。

よくある光景かもしれません。でも、もしふたりがお互いの本音に気づけていたら、喧嘩にはならなかっただろうと思うのです。

妻は、「なんでこんなに遅いのよ！」という言葉で夫に怒りをぶつけました。でもそれは、怒りに飲み込まれ、とっさに浮かんだ言葉をそのまま口にしただけのこと。人間の脳は感情的になると、まるでハンドルを取られた車のように操作不能に陥る仕組みになっています。そんな理性を失った状態で発する言葉が、本当に言いたかったことではないはずです。では、妻の本音とは何か。

「家族みんなにいちばんおいしい状態で晩ご飯を食べてほしかったからがっかりしたし、腹が立った。あなた（夫）を大切に思うから、帰りが遅くて心配だった。そんな私の心の痛みをわかってほしい」

これこそが、妻の心の奥底にあった本音ではないでしょうか。

本音とは、その人が心の奥底で大切にしていることです。心の表面ではなく、奥底まで潜った時にはじめて気づけるもの、それが本音なのです。

もし妻が自分の本音に気づき、それを言葉にできていたら、夫だってむきになって反論することはなかったでしょう。**感情的な言葉でお互いを傷つける会話は、もう終わりにすることができるのです。**

そのために必要なのは、「本音」の定義を変えること。そして、感情に振り回されて何かを言う前に立ち止まり、心の奥深くにたたずむ「**真の本音**」にたどり着く術を身につけることなのです。

次に必要なのは、「相手の本音を聞く」ための技術。

自分の真の本音に気づけるようになると、相手の本音も聞けるようになります。なぜなら、**自分の本音にたどり着けた人には、相手が「本音に至る道」も見えるようになる**からです。本音が潜む場所は、いつだって感情という扉の奥。あなたは相手の感情を頼りに本音への道を歩むことになるでしょう。そして感情とは、本音を知るために欠かせない重要なサインだと理解することで、感情とのつき合い方を知り、人間に対する深い洞察力を身につけていくことができるのです。

本音を聞く。それはまるで、相手の心の中をガイドするような感覚です。相手はまず、あなたに心の内を明かしても安全かどうかを確認するでしょう。**相手が本音を言えないの**

は、話す技術がないからではない。話してもいいと思える安心が足りないからなのです。
だから大切なのは、あなたが信頼を得る聞き方を身につけること。あなたの聞き方が変われば、相手は本当に思っていることを言葉にできるようになります。そうすれば、お互いに心を開いて理解し合える関係だって築いていけるのです。

最後の技術は、「自分の本音を伝える」ためのもの。相手が受け取りやすいよう、4つのステップに基づいて伝えます。

①観察（Observation）
②感情（Feeling）
③ニーズ（Needs）
④リクエスト（Request）

こんな場面を想像してみましょう。仕事を終え、くたくたになって家へ帰ってきたあなた。今すぐにでもソファにごろんと横になって休みたい。そんな時、子どもがヘッドホンをせずに大音量で音楽を聴いていた。

もしこの時あなたが「うるさい。静かにしろ！」と命令すれば、子どもはきっと嫌な顔をするでしょう。静かにしたとしても反発を抱くはず。人は誰でも、自分の意志でどうするかを決めたいからです。

そこで4ステップに従って、次のように伝えてみます。


「大きな音で音楽が鳴っているから、びっくりしたよ。すごく疲れていて身体を休めたいんだ。ヘッドホンで音楽を聴いてもらうことはできるかな」

①**観察**：大きな音で音楽が鳴っている
②**感情**：びっくりした
③**ニーズ**：すごく疲れていて身体を休めたい
④**リクエスト**：ヘッドホンで音楽を聴いてもらうことはできるかな

この4ステップで伝えた時に生まれるのは反発ではなく、つながりです。子どもが

100%「いいよ」と言ってくれるかどうかはわかりませんが、あなたの心の奥底にある願いは理解してくれるでしょう。疲れている時に休みたいのは、どんな人にも共通する願いだからです。

自分と相手の本音に気づき、それを言葉にして伝える。

この3つのスキルを身につけることで、私自身、感情的に話すことが驚くほど少なくなりました。相手を理解できないとあきらめたり、言いたいことを我慢したりして抱えていたストレスからも解放されていきました。そして、どんな人とでもきっとわかり合えると思えるようになり、人に会うこと、話すことがとてもラクになったのです。

私の研修やセミナーを受けてくださった受講生のみなさんからも、

「初対面の人と話しても疲れなくなりました」

「本音を言ったら、上司との距離が縮まりました！」

「部下が心を開いて話してくれるようになった気がする」

「子どもが、自分から話してくれるようになった」

「離婚寸前だった妻とやり直せました、ありがとう」

と、職場や家族、恋人との関係が改善したという声が寄せられています。
そして何よりも、「はじめて自分の本音がわかった」「自分を好きになれた」など、自分自身の変化を伝える喜びの声がたくさん届いているのです。

あなたにも、私がついに出会えた**「究極のコミュニケーション術」**をお伝えしたい。その思いで、本書を書き上げました。

もう、言いたいことを我慢してストレスを溜め込んだり、本心をねじ曲げて自分を見失ったりしないでほしい。相手に気を遣いすぎて人間嫌いになったり、思ってもいない言葉で大切な人との関係を失ったりしないでほしい。

誰にでもできる本音のコミュニケーションは、確かに存在する。
あなたはまだそれを体験したことがない、それだけなのです。

感情に振り回されてお互いを傷つけ合う。
うわべだけの会話に一喜一憂する。
そんなコミュニケーションは、もう終わりにしませんか？

お互いの本音を言葉にして、心の底からわかり合う。

そんな新しいコミュニケーションを、ひとりでも多くの人に手に入れてほしいと願っています。

本音に気づく会話術

スキル1

自分の本音に気づく

スキル

2 相手の本音を聞く

スキル

3 自分の本音を伝える

スキル 1

自分の本音に気づく

私たちは伝えるために話すのか

私たちは毎日、いろいろな話をします。

たとえば今日、あなたはどんな話をしたでしょうか。


お客様に商品の説明をした。

会議でそのやり方には反対だと意見を述べた。

コンビニでつり銭が多いことを店員に伝えた。


なかには、ひと言もしゃべらなかった人もいるかもしれませんが、外へ出て、誰かに会えば何かしら言葉を交わすもの。

では、なぜこのようにいろいろな話をするのでしょう？

「何かを伝えたいから」、という声がもっとも多く聞こえてきそうです。確かに、話は「伝えたい」と思うことから始まります。そして、もし伝えることが目的なら、伝わった時点で満足することになるでしょう。

では、商品の魅力は伝わったが、要らないと言われたら、どうでしょう。会議で自分の反対意見は伝わったが、鼻につく奴だと言われたら、満足できるでしょうか。つり銭が多いことは伝わっても、間違いを指摘された相手が怒ってしまったら、言わなければよかったと思うかもしれません。これはなぜなのか。

伝えることが、話す目的ではないからです。伝えることは、あくまで手段。私たちは、伝えることで自分が必要なものを手に入れたい。だから話をするのです。

商品の魅力を伝えるのは、契約をとって、上司に「認めて」ほしいから。会議で反対意見を述べるのは、プロジェクトの「成功」が必要だから。あるいは、自分が思いついたアイデアを「分かち合い」たいからでしょうか。コンビニでつり銭が多いと言うのは、あなたにとって「正直さ」や「誠実さ」が大切だったり、自分にもレジ打ちの計算が合わなくて困ったアルバイト経験があって、その人に「貢献」したかったのかもしれません。

認めてもらうこと、成功、分かち合い、正直さ、誠実さ、貢献……。こういった「自分が必要としていて大切なもの」を手に入れたい。満たしたい。そのために私たちは話をするのです。

そんな「**自分にとって価値ある何かを手に入れたい**」**という思い**。**それこそが、あなたの本音ではないでしょうか**。そして、多くの人が自分の本音には気づかないまま、何かを伝えようと一所懸命になっているように、私には見えるのです。

本音は探さなければ見つからない

話すことで手に入れたい「必要としていて大切なこと」を、この本では「**ニーズ**」と呼ぶことにします。ニーズは会話の原動力。私たちはいつだって、ニーズを満たすために話しているのです。

ビジネスでも「ニーズ」という言葉はよく使われますね。「顧客のニーズを満たす」「消費者のニーズは多様化している」といったように、生活する上で必要な何かが足りていない状態をあらわす言葉として用いられます。たとえば、「本棚を作りたいのに、1ミリの穴が開けられなくて困っている状態」のことを、ビジネスではニーズと言うわけです。

では、もしあなたがその状況にあるとしたら、「必要としていて大切なもの」は何でしょうか？　たとえばサポート。サポートといっても方法はいろいろあります。1ミリの穴を開けるやり方を教わるのか、道具を持っている人に貸してもらうのか、穴を開けてくれるサービスを受けられるお店の情報をもらうのか。あなたはそんな何かしらのサポートを求めて、誰かに話をしたり、行動を起こしたりするでしょう。

この本でいうニーズとは、そんな言動の源となる「必要としていて大切なこと」。だからビジネスにおけるニーズとは、少し意味が違っていると理解してください。

でも、同じ点もあります。それは、探そうとしてはじめて見つけられるということ。ビジネスにおいては、誰もがニーズを見つけ出そうと一所懸命です。顧客やマーケットの「何かが足りていない状態」は、大きなビジネスチャンスにつながるからです。

ある託児所ではオープンしてから2か月間、ひとりもお客さんが来なかったといいます。そこであるサービスを始めたところ依頼が殺到。3年で200人が入会したそうです。そのサービスとは子どもの送迎。これが、仕事をする母親たちに足りていないことだったのです。

イスラム圏ではあるテレビが大ヒットしたといいます。お祈りの時間になるとコーランが流れてくるテレビです。彼らは、テレビを楽しんでいると、大切なお祈りの時間を忘れて困っていました。一方、日本では重視される薄さや映像の美しさには、そこまで困っていなかったのです。

このように、ビジネスにおけるニーズはあとから言われると、簡単に見つけられそうな気がしますが、探そうとすると思った以上に見つからないものです。

会話におけるニーズもやはり、見つけるのは大変。自分が必要としていて大切なことがわからないなんておかしな話だと思うかもしれませんが、自分が本当に求めていることは、探そうとしなければ見つかりません。

つまり、「本当はこれを手に入れたい」という自分の本音とは、すでにわかっていることではなく、これから探して見つけ出していくものなのです。

なぜ愚痴や自慢話をしてしまうのか

たとえば、愚痴について考えてみましょう。愚痴を言う人の本音とは何でしょうか。言いたくないのについ言ってしまうのは、何を手に入れようとしているからなのでしょう。

それは、理解かもしれません。「今、とてもつらくて、この苦しみを誰かにわかってほしい」――愚痴を言う人は、愚痴そのものを言いたいわけではなく、愚痴を言うことで、自分の苦しみを「理解」してほしいのだと思うのです。

自分の本音に気づけていれば、愚痴以外の方法でも、そのニーズを満たせることに思い至ります。起こった出来事をただ聞いてもらうこと、自分の苦しみに共感してもらうこと、時には何も言わずに背中に手を置いてもらうことなど、言葉を交わさなくても「理解」してもらえたと感じることはあるでしょう。でも、「理解」してほしいという自分のニーズに気づかないうちは、無意識にそれを満たそうとするので、言っても仕方のない愚痴を言ってしまうのです。

自慢話も同じ。「自分の魅力や価値を認めてほしいから、自慢しよう」なんて思って自慢話を始める人はいません。でも、そこには「承認」されたいというニーズが存在しています。無意識のうちに認めてほしくて、自分の価値をアピールしてしまうのです。

このように、あなたがニーズに気づいていなくても、ニーズは存在し、言動の源になっています。だから無意識のうちにニーズを満たそうとして、何かを話すのです。時には言わないほうがいいと思うことまで。

私がこのことに気づいたのは、自分のラジオ番組を聞き返している時でした。本でちょっと読んだだけの内容を、いかにも自分が思いついたかのように、誇らしげに話していたのです。「私っていいこと言うでしょ?」とでも言わんばかりの勢いでした。私は恥ずかしくなって、もうこんな話し方は二度としないぞ! と思ったのですが、気がつくとまた同じ話し方をしています。

私は、愛されたかったのです。もちろん当時は、そんなニーズに気づくことができず、いい話を繰り返していました。でも、誇らしげに話すほど、人は離れていきます。だからますますいい話しをしてしまう。そんな悪循環に陥っていたのです。もしあの時、自分のニーズに気づく術を持っていたら、公共の電波を使って恥ずかしい話をしてしまう事態は避けられたでしょう。ニーズに気づくことができれば、それを満たすための方法は自分の意志で選べるようになるからです。

私たちは、**ニーズに気づいてこそ、自分の本音を伝える言葉を選べるようになる**のです。

ニーズの「入り口」に立つ

では、どうすればニーズに気づくことができるのか。ヒントは「感情」にあります。

うれしい、安堵、ワクワク、イライラ、うんざり……。私たちは日々、様々な感情を経験しますね。**そんな快・不快の感情は、「ここにニーズがあるよ」と教えてくれる心強いパートナー。ニーズに気づくための「入り口」なのです。**

これはどういうことでしょう。たとえば、お腹が空いているのになかなか食事ができないと、「イライラ」しますね。明らかに不快な感情です。では、なぜ不快になるのか。「お腹をいっぱいにしたい」というニーズが満たされないから、ですよね。

おわかりでしょうか。不快の感情が生じたということは、満たされていないニーズがあるという動かしがたい証拠。つまり、感情がニーズの存在を教えてくれているのです。

快の感情もまったく同じ。仕事で成果を出して表彰されると、誇らしい気持ちになりますね。この誇らしいという快の感情は、「承認」「成長」「貢献」などのニーズが満たされた証といえます。

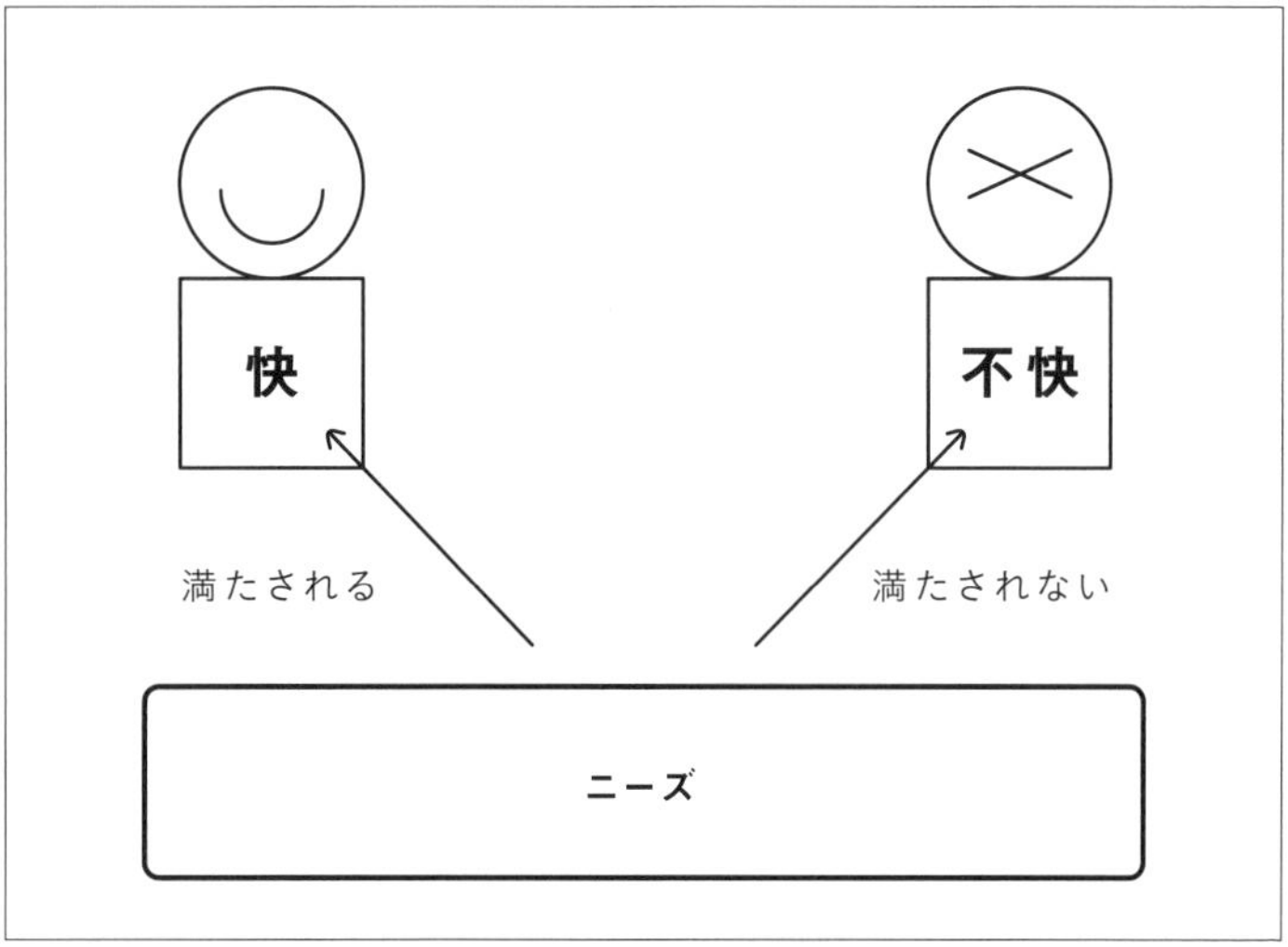

このように、なかなか気づきにくいニーズも、あなたに向けて日々「感情」という形でヒントを出してくれている。本音に気づけるよう、手助けしてくれているのです。

あなたが失いたくないものはなんですか？

感情というサインをしっかり受け取れるようになると、ニーズにも気づけるようになっていきます。試しに、いろいろな快・不快の感情から、その先にあるニーズにたどり着く練習をしてみましょう。ぜひ、巻末にある「ニーズリスト」を参考にしながら読み進めてみてください。

例題―1

あなたは、同僚が昇進するという噂を耳にしました。自分も頑張っているのに、なぜ同僚だけ？　と憤りを感じています。この感情は不快なもの。つまり、何か満たされていないニーズがあるというサインです。この場合のニーズはなんでしょう。

例題―2

頑張って勉強してきたあなたは、ＴＯＥＩＣ（英語のテスト）で７００点を取りまし

た！　自己ベスト更新。とってもうれしい気持ちです。「うれしい」は快の感情。何かニーズが満たされたというサインです。この時、何のニーズが満たされたのでしょうか。

例題―3

電車が遅れているため、あなたは大事な商談に遅刻しそうです。強い焦りやイライラを感じています。この時、満たされないニーズはなんでしょう。

最初にお伝えしておきたいのは、この3つの例題に唯一の正解はないということ。なぜなら、起こった出来事は同じでも、ニーズは人によって違うからです。

例題①であれば、同僚と同じように自分も認められたかったという「承認」のニーズが満たされない人もいれば、平等に評価されることが大切だという「公平さ」のニーズ、あるいは、自分ではなく同僚が昇進した理由を知りたいという「理解」のニーズが満たされないという人もいるでしょう。

例題②であれば、TOEICで700点を取ったことで、「成長」「自己実現」「承認」「挑戦」「学び」などのニーズが満たされる人もいれば、海外で仕事ができるかもしれないという「選択」の広がりや、「自由」「自立」などのニーズが満たされる人もいるかもしれません。

このように、同じ出来事から同じ感情がサインとしてあらわれていても、ニーズは人によって異なります。何を大切にするかという優先順位や価値観は、人それぞれ違うもの。手に入れたいものは、本人にしかわからないのです。

例題③は、ニーズにたどり着くのがやや難しいかもしれません。遅刻しそうな状況でニーズを想像すると、こんな言葉が浮かんでくるからです。

「怒られたくない」「嫌われたくない」「相手に迷惑をかけたくない」「いい加減な人だと

思われたくない」——このように、「○○したくない」という気持ちは、何かを避けたいという欲求をあらわしています。ただ、何かを避けるためには行動するしかありません。だから、**求めていない何かではなく、求めている何かを見つけて、行動につなげたいのです。**

そこで、もし「○○したくない」と思ったら、自分にこう問いかけてみましょう。

「もし○○になったら、何を失うだろう？」

もし怒られたら、あなたは何を失うでしょうか。その場の穏やかな雰囲気や楽しさ？もし嫌われた場合はどうでしょう。避けられたり、話してもらえなくなったりして、コミュニケーションを失うかもしれません。もし相手に迷惑を掛けたら、一緒に何かをするのは面倒だと思われてしまうかも。そうすると、一緒にいる機会が失われますね。いい加減な人だと思われた場合には、相手からの信頼を失うことも考えられます。

このように「〇〇したくない」と思った時は、「もし〇〇になったら、何を失うだろう？」と想像することでニーズを探します。すると、この例題③のように「穏やかさ」や「楽しさ」、相手との「コミュニケーション」、「一緒にいること」や「信頼」といった自分のニーズが見えてくるでしょう。

不快の感情が大きいほど、ニーズを満たしたいと強く願っている証拠。自問自答をすることで、あなたにとって大切なニーズ、つまり「真の本音」が見えてくるのです。

感情は悪者ではない！

ここで、ひとつ注意しておいてほしいことがあります。このニーズにつながる感情の入り口には、鍵がかかっていることがあるのです。

なかでも不快な感情の入り口は、開きづらいもの。怒り・悲しみ・憎しみといった感情は、できれば味わいたくないので、ついつい鍵をかけたまま感じないようにしがちです。

一般的に、うれしい、ワクワク、楽しいなどの快い感情は「良い感情」だと歓迎され、怒り、悲しみ、寂しさなどの不快な感情は「悪い感情」だと避けられています。確かに快いほうがいいですが、感情そのものに良い・悪いはありません。

もしこの世界に「良い感情」しか存在しないとしたら、私たちの人生は味わいに欠けたつまらないものになってしまうでしょう。様々な経験と色とりどりの感情は、人生に豊かさをもたらしてくれるからです。「悪い感情」だって、必要不可欠なもの。たとえば恐れは、ケガや病気から身を守ろうとして安全を、痛みは、失敗から学ぼうとして成長を与えてくれます。

感情に良いも悪いもないのです。

どうして大切な人に怒りをぶつけてしまうのか

とはいえ、不快な感情は避けたいと思うのが人の性《さが》。他の何かで気を紛らわせ、理性で抑え込み、多くの人が不快な感情を避けようとしています。でも、考えてみてください。その避けた感情は、いったいどこへ行くのでしょうか?

たとえば、お客様に理不尽なことを言われてムカムカしているとします。

「こんなことで腹を立てても仕方がない」

「この人は、こういう人なんだから自分が大人になるべきだ」

そう自分に言い聞かせて、怒りを抑え込もうとするでしょう。会社員としては大正解。極めて大人な対応だと言われるでしょう。

では、このムカムカは消えてなくなったのでしょうか。残念ながら、答えはNO。抑えつけただけで、なくなってはいません。むしろ、抑えつけた分だけ火山のマグマのように怒りの温度と圧力を高めています。そして、その怒りのマグマは、お客様とは関係ない場所で、ある時、突然爆発するのです。

会社に戻ったあなたに、「報告があるので、お時間いただけますか?」と部下が声をかけてきます。でも、その報告がわかりづらくてイライラすると、「結論はなんなんだ?」とつい怒鳴ってしまう。萎縮する部下を見て、後悔です。

「ああ、どうして最後まで話を聞いてやれなかったんだろう」

あるいは、営業先から直帰で家に戻ってきたあなた。家に入ると、散らかり放題の子どものおもちゃが目に飛び込んできます。その瞬間、スイッチが入り……。

「おい、どうしてちゃんと片づけないんだ! いつも片づけろって言ってるだろう」

怒鳴られて泣き始める子どもに、呆れた様子の妻。あなたはイライラと同時に、行き場のない思いに駆られるでしょう。そしてこう思うのです。

「ああ、また怒ってしまった」「言わなければよかった」と。

このように、不快な感情は、避けてもどこかで噴き出します。

そして多くの人が、この感情に任せてつい言ってしまう言葉を「本音」だと思い込み、本音は言わないほうがいい、もめるから言ってはいけないと我慢しているのです。

でも、本当は口にしたくなかった、そんな言葉があなたの本音だと私は思いません。**感情の嵐が去ったあとに訪れる、部下や家族を大切に思う気持ち。それこそがあなたの本音だと思うのです。**とはいえ、感情とのつき合い方がわからない。つまり外へ出す方法がわからなければ、内に溜め込むしかありません。そしてたちが悪いことに、こうして抑え込んでマグマ化した怒りは、部下や家族など、自分が怒っても受け入れてくれそうな相手に向けて爆発させがちなのです。

一度爆発させると、しばらくの間は落ち着きを取り戻すかもしれません。だからといって、お客様への怒りが消えてなくなるわけではないでしょう。種火は残っています。その証拠に、お客様の顔を思い浮かべてみてください。「こんなことで怒ってしまったのは、あいつのせいだ」と、再び怒りが湧いてくるのではないでしょうか。そのうち、そのお客様に会うのが億劫《おっくう》になるかもしれません。

感情は、避けても消えてなくならないもの。抑圧された分だけより大きなエネルギーになって他の場所で爆発し、大切な人を傷つけてしまうばかりか、相手を嫌う、避ける、卑《ひ》下《げ》するといった別の負の行動に変換されます。そうして、相手との関係は分断されてしまうのです。だからこそ、感情を良い悪いで分類し、悪い感情だけを避けようとすることは、有効な手段とはいえないのです。

では、私たちはこの不快な感情と、いったいどのようにつき合っていけばいいのでしょう。私がおすすめしたいのは、感情を「避ける」のではなく、「味わう」こと。味わい尽くせば、短時間で終わらせることができるからです。

感情は90秒で終わる

楽しい時間は、あっという間に過ぎてしまうと思いませんか?

それは、あなたが楽しいという感情をめいっぱいに感じているからです。うれしい! 楽しい! ワクワクする! そんな快の感情を味わっていると、時間も感情もあっという間に過ぎていきます。楽しみ尽くせば、感情はちゃんと昇華するのです。これは不快の感情も同じ。しっかりその瞬間に感じきってしまえば、必ず終わりはやってきます。

小さな子どもを見ているとよくわかるでしょう。子どもたちは、感情を味わいきって終わらせるプロだからです。先日、買い物をしていると、アイスクリームを買ってもらえずに泣きじゃくる男の子がいました。床に転がって「いやだー」とわめきながら、「悔しい」「残念だ」「悲しい」といった気持ちを全身で味わっています。生命エネルギーとでもいうのでしょうか。エネルギーあふれるその様子は、なんとも純粋で美しく、私は感心しながら眺めていました。すると、やさしそうなおじいさんがやってきて、「どうしたのかな」と声を掛けています。男の子はじっとおじいさんの目をのぞきこみ、興味津々な様子。アイスクリームを買ってもらえなかった悔しさはどこへやら。すっかり感じきった感情は終わったのです。

このように、**不快な感情も感じ尽くせば終わるもの**。でも、感じることを恐れて避けてしまい、かえって長引かせてしまうのが私たち大人です。

感情は味わえば終わるということは、脳科学の研究からもわかっています。『奇跡の脳』（新潮文庫）を著した脳科学者ジル・ボルト・テイラーによると、脳から放出された怒りの感覚をもたらす化学的な成分は、90秒以内に血液中からなくなるそうです。怒りは、90秒で終わらせられる。もし90秒を過ぎてもまだ同じ怒りが続いているのだとしたら、それは自分がそうなるように選んでいるのだと彼女は言います。

私たちは、選べるのです。感情の長さを。脳から新たな怒り成分を出し続けるのか、味わい尽くして90秒で終わらせるのかを、選べるのです。

混み合う電車の中でサンダルの素足を踏まれて、激しい痛みに襲われたことがあります。思わず「いたっ!」と声を出すと同時に腹も立ちましたが、あまりに痛くて動けませんでした。ただただ痛みを感じながら、引いていくのを待つしかなかったのですが、どうでしょう。痛みが引く頃には、怒りも一緒に引いていったのです。

もしあの時、頭の中で「どうしてちゃんと周りを見ないのよ!」と相手を責めていたら、足の痛みが引いても、怒りだけは続いていたでしょう。

感情を終わらせるためには、考えずに感じることです。「そういえば、昨年の夏もこのサンダルを履いていた時に足を踏まれた」と過去の痛みをわざわざ思い出したり、「あの靴も踏まれたら痛そうだ」などと踏まれてもいないのに未来への不安を作り出したりする。そういう思考が、感情を長引かせるのです。

終わらない痛みはないように、終わらない感情もありません。感情を怖れずに味わい尽くしてこそ、見えてくるニーズがあるのです。

本当に伝えたいことに気づく方法

では、どうすれば感情を味わい尽くして、ニーズまでたどり着くことができるのでしょう。心を「海」にたとえて、その道のりを見ていきます。

1―感情はニーズから生まれる

海の波は、太陽の熱、雨、風など外からの刺激を受けて揺れ動きます。人間の心の波も同じ。五感が外からの刺激を受けることで、感情の波は揺れ動くのです。

目に入ってくる景色、音、におい、肌に触れる感覚など、私たちの目や耳や鼻や皮膚には、常に様々な刺激が飛び込んできます。その五感を刺激する情報が、私たちのニーズを満たしたり、満たさなかったりするから、感情が動くのです。

たとえば朝起きて雨を見た時、ピクニックへ出掛ける予定があれば「快適さ」や「あそ

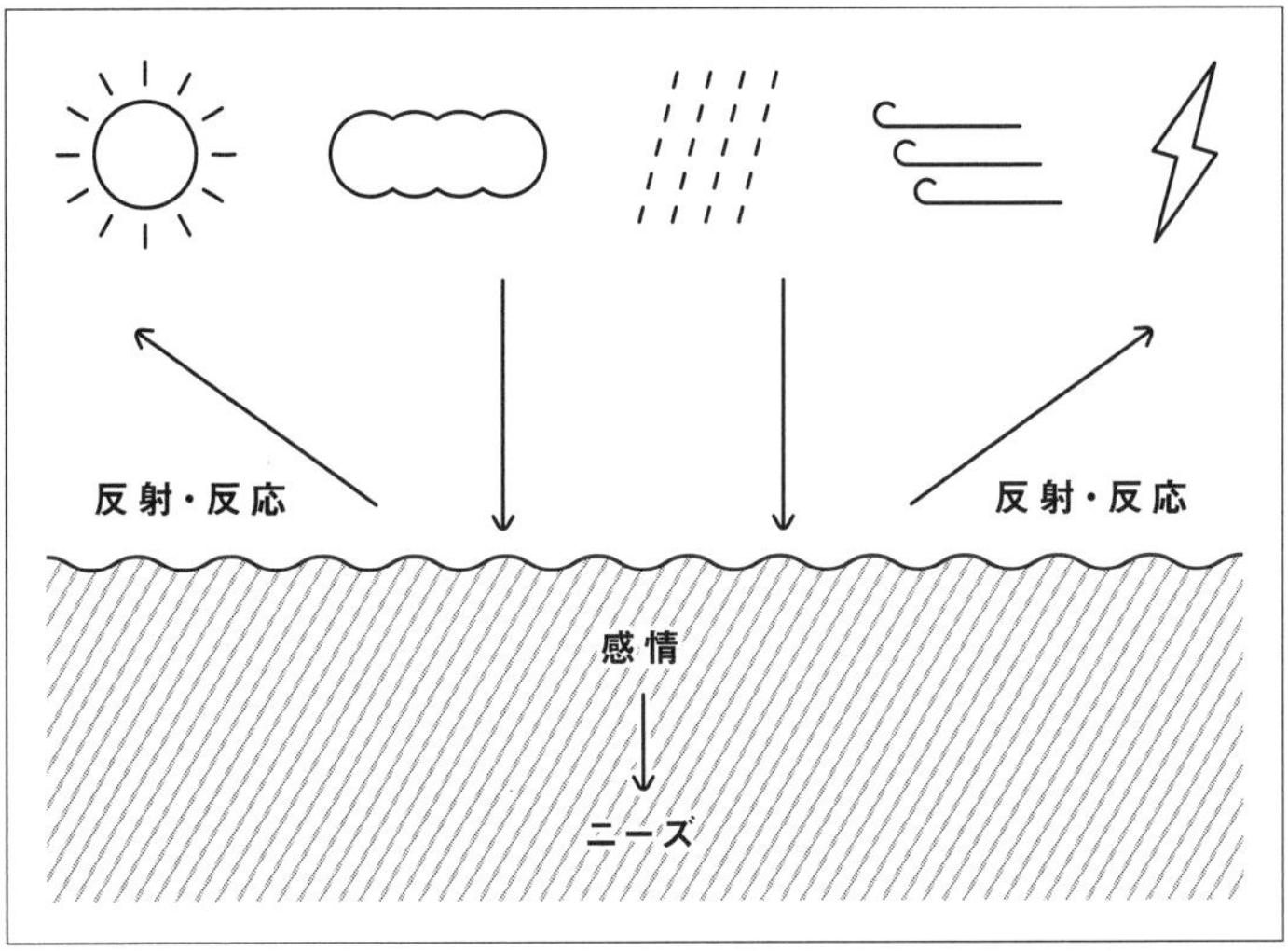

び」のニーズが満たされず、がっかりするでしょう。でも花粉症に苦しんでいれば、同じ「快適さ」のニーズが今度は満たされて、ほっとするかもしれません。

つまり、雨そのものが感情を生み出すわけではないのです。雨が降るという出来事が、あなたのニーズを満たせば快、満たされなければ不快な感情を生み出すのです。何かを言われた時もそう。「この仕事を君に任せたいんだ」と言われた人が、「責任」を大切にする場合はニーズが満たされてうれしいし、「気楽さ」を大切にする場合は、ニーズが満たされなくて気が重いと感じるでしょう。

このように、五感への刺激がニーズを満

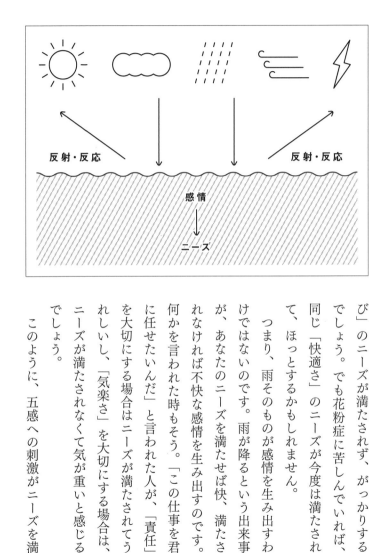

たしたり、満たさなかったりすることで、感情は生まれます。**つまり、何を見ても、何を言われても、起こった出来事そのものが、感情を生み出した原因ではない。それがあなたのニーズを満たしたり満たさなかったりするから、感情が生まれるのです。**

2 感情に飲み込まれた時に起こる反射・反応

波は、広くて深い海の表面で揺れ動くもの。海全体から見ればその一部に過ぎません。感情も同じで、深遠なる心の表面で揺れ動く一部に過ぎないものです。

ところが、この表面にある感情の波は、一瞬にして私たちを飲み込む大きな力を持っています。そのため、感情が生まれた瞬間、その波に飲み込まれて、反射的な行動をとってしまうのです。戸棚から物が落ちてきた時、「危ない！」と感じたら、考える間もなく反射的に手で頭を覆いますね。

話す時にも、まったく同じことが起こっています。腹が立ったり、不安になったり、悲しくなるなど、自分の安全が脅かされたと感じると、自らを守ろうとして反射的に言葉を発してしまうのです。

このような反応は、**闘争・逃走反応**と言われ、すべての動物にみられます。「危ない」と感じると、闘うか逃げるかという瞬時の反応で、自らの命を守ろうとするのです。

実際に命の危険がある時には、身体を使って攻撃したり、その場から逃げ去ったりするでしょう。それがコミュニケーションになると、相手を非難したり責め立てたりという攻撃に出ます。「なんでこんなこともできないの」「あなたって最低な人ね」など、相手が傷つく暴力的な言葉で追い詰めるのです。あるいは、相手の話を無視したり、聞かなかったことにしたりして、関わりを避けようとします。自分を傷つける人や出来事から離れようとするからです。

この闘争・逃走反応は、生き物として最も大切な命を守るための働きですから、なくすことはできません。でも感情が動き出した瞬間、波の揺れに気づくことができれば、その働きを一時停止させられることが脳科学の研究でわかってきています。相手も自分も傷つけてしまう言葉を口にする事態は、避けることができるのです。

3―感情を受け入れてニーズにたどり着く

激しい波に揺れ動く海も、深海へ潜れば静かで穏やかなイメージですね。感情も同様で、心の表面にある波は揺れ動いていたとしても、奥深くへ潜っていけば、心の深海ともいえる落ち着いたゾーンにたどり着くことができます。

たとえば、競合プレゼンの結果を伝える期限を過ぎた今、上司がまだどうするのかを決めかねていたとします。もしあなたが「尊重」を大切にするなら、「上司には上司の考えがあるのだろう」と落ち着いた気持ちでいられるでしょう。でも、「どうして早く決断してくれないんだ」と苛立つ感情に飲み込まれれば、闘争・逃走反応に出るかもしれません。感情的な口調で決断を迫ったり、陰で悪口を言ったり、「自分には関係ない」と、すべてを投げ出したくなることもあるでしょう。そんな時、この苛立ちという不快な感情から逃げようとせずに味わい、心の海を深いところまで潜れば、苛立ちを終わらせて、ニーズに気づくこともできるのです。

「どうしてこんなに苛立っているんだろう……。ああ、先の見通しが立たないからイライラしているんだ。私にとっては計画性が大切なんだ」

こうしてニーズに気づくことができれば、もう闘争・逃走反応に出ることはありません。自分はどうしたいのか、落ち着いて考えられるでしょう。と言われたところで、今はまだ、自分がこんな風に本音に気づいて会話するイメージを持てないかもしれません。私も最初は、何日も考えているのにニーズがわからず、戸惑ったりがっかりしたりしていました。でも、「考えるからこそわからないんだ。感じればいいんだ」と気づいた時、ニーズが見えてくるようになったのです。

感情を受け入れた先にこそ、ニーズがあります。ニーズにたどり着けると、なんともいえない穏やかな気持ちになって、本来のあなたとも言うべき落ち着きを取り戻すことができるでしょう。そうなれば、私たちは感情に振り回されるのではなく理性を働かせ、自分が本当に伝えたいことを言葉にできるのです。

本音に気づく5ステップ

それでは、どうすればそんな落ち着きを手に入れられるのか。感情を味わいながら深海へと進み、ニーズに気づくまでの5ステップを具体的に解説していきます。

①感知する
②ひと呼吸
③変化に気づく
④名前をつける
⑤ニーズを想像する

こんな事例で考えていきましょう。あなたが街を歩いていると、自分の前を横に広がってゆっくり歩く集団に出くわしました。

「もう、じゃまだなあ……」――あなたの心に波が立ち始めます。

1｜感知する

まず、自分の感情が揺れ動いたことに気づきましょう。地震計が揺れを感知するように、感情の波が「揺れた！」と思った瞬間に波をとらえるようなイメージです。

この段階では、それが怒りや悲しみなど、どんな感情なのか、その種類はわからなくてかまいません。揺れたということだけわかれば十分です。

2｜ひと呼吸

揺れを感知したら、即座にひと呼吸。このひと呼吸が、反射・反応するか、それとも荒波をくぐって深海へ進むかの分かれ道になります。

これは闘争・逃走反応を一時停止させるための重要なステップです。言い返す、すねる、無視する、黙り込むといった反射的な行動をする前に、一拍の余裕を作りましょう。

ひと呼吸は、深海へたどり着くためのきっぷなのです。

3─変化に気づく

ひと呼吸したら、今度は自分の身体の変化に目を向けます。

横に広がってゆっくり歩く集団が目に入ったあなたの身体には、どんな変化が起こっているでしょう。イライラのあまり、顔が熱くなっていることに気がつくかもしれません。心拍数が上がる、表情が固まるなどの変化に気づく人もいるでしょう。

反応は全身に起こります。頭、目、唇、舌、顎、喉、肩、腕、手、指、肺、胃、心臓、お腹、足など、くまなく全身です。そして反応している各部位に、緊張、汗、渇き、熱さ、痛み、こわばり、しびれ、血流の勢い、心拍数の上昇など、様々な感覚が生じるのです。

とはいえ最初のうちは、身体が反応しても、それを感覚としてキャッチできないかもしれません。長い間肩が凝っていると、凝っている感覚がなくなるのと同じです。肩凝りの反応は起きているのですが、当たり前になりすぎて凝りに気づけないのです。

ブッダは、「心が何かをつかんだ時、身体には何らかの感覚が現れる」と言っています。何かを感じると身体が反応し、そこには何らかの感覚が生まれているのです。

あなたの心が動いた時にも、必ず何らかの反応は起こっています。慣れるまでは、大きな感覚から気づいていくのがいいでしょう。ドキドキしたり、カッと熱くなったり、胸が締めつけられる感覚は、わかりやすいものです。大きな波を意識して見つめるうちに、小さな波の存在にも気づけるようになります。

もし何の感覚も感じないとしても、焦る必要はありません。それも「麻痺している」というひとつの感覚ですから。

4 名前をつける

今度は気づいた感覚に名前をつけていきます。

たとえば、手が汗ばむ、心臓がドキドキする、足が震えるといった感覚を感じていたら「緊張」、ゆったりした呼吸や力の抜ける感覚があれば「リラックス」といった名前をつけられるでしょう。

感情とは、このように感覚に名前をつけたものだと言えます。感覚は曖昧なものですが、名前をつけることで自分が何を感じているのかがはっきりしてくるのです。感情はニーズの入り口。その先に自分にとって大切なニーズがあるので、ここで感情に気づいておきたいというわけです。

先ほどの事例であれば、顔が熱くなり、心拍数が上がって、表情が固まるという感覚がありましたね。この感覚に、「イライラ」という名前をつけてみるとしましょう。

名前をつけたら、心で唱えます。「私は今イライラしている」と、心の中でつぶやくだけでOKです。「腹が立つ」という言葉の方がしっくりくるようでしたら、「私は今、腹が立っている」と心の中で言いましょう。こうすることで感情を受け入れることができます。

「本当にそれだけでいいの」と思われましたか？　確かに、とてもシンプルな方法ですが、いざやってみると思った以上に難しい場合があります。特に怒りの感情は、多くの人が「感じてはいけない」と思っているものですから、「怒ってはいけない」「怒るのはよくないことだ」「私は怒ってなんかいない」と頭の中で説得が始まるかもしれません。また、人によっては、うれしい、楽しいといった快の感情であっても感じにくいでしょう。「これくらいはできて当たり前」「こんなことで喜んでいたら成長が止まる」などの考えが、感じることをブロックするからです。そんな時は、心の中でさらにつぶやきます。

「私には、○○を感じる自由がある」

こうやって、**自分にその感情を感じる許可を与えてあげてください。**なぜ感情を受け入れるのかと言えば、それを感じきって終わらせるためです。あなたが友だちに「さようなら」を言おうと思ったら、欠かせないことがありますね。それは、「こんにちは」を言うことです。まず出会わなければ、別れることはできません。怒りに「さようなら」を言いたければ、「こんにちは」を言って、まず受け入れるしかないのです。

5―ニーズを想像する

こうして感情を受け入れたら、巻末にある「ニーズリスト」を見ながら、しっくりくる言葉を探してみましょう。快の感情なら、何が満たされているのか、不快な感情なら、何が満たされていないのかを探すのです。

横に広がって歩く集団を見た時に感じたのはイライラ、つまり不快な感情でした。では この時、満たされないのは、何のニーズでしょう。

「秩序」がしっくりきたあなたは、社会の調和を保つための道理やルールを大切にするので、それが満たされずにイライラするのかもしれません。

「仲間」がピンときたあなたは、みんなとの待ち合わせに遅れて、仲間に迷惑をかけたくない。仲間が大切だからこそ、イライラするのでしょう。

「配慮」を選んだあなたは、まわりの人への配慮が大切で、それが満たされずにイライラしているといったところでしょうか。

しっくりくるニーズが見つかったら、「私には○○が大切なんだなあ」と心でニーズを唱えながら深呼吸してみてください。感情を受け入れた時と同じように、そのニーズを受け入れたいからです。それが本当にあなたの求めているニーズであった時、あなたの身体からはふわっと力が抜けて、ほっとしたような安心したような気持ちになるでしょう。自分の本音にたどり着いた瞬間です。**自分が本当に求めていることが「わかる」と、それだ**

けで「わかってもらえた」という安心が心を満たします。わかってくれたのが、誰か他の人ではなく自分自身だったとしても、です。それほどまでに、私たち人間は、わかってもらえることを強く求めていると私は思うのです。

ニーズに気づけば、言葉を選べる

ニーズにたどり着けるようになると、反射的に何かを言って後悔するようなことは減っていきます。落ち着いて理性を働かせ、言葉を選べるようになるからです。

「秩序」が大切だと気づいたあなたは、それを彼らに伝えるために、こう声をかけるかもしれません。

「すみませんが、ちょっと通していただけませんか」

この時のあなたは「イライラした状態」ではなく、深海にいる「穏やかな状態」ですから、言葉にも行動にも「イライラ」が宿っていません。声を掛けられた人は、あなたの言葉を素直に聞き入れることができるでしょう。

また、「仲間」が大切だと気づいたあなたは、より全体を見ることができて、横に広がる集団の前にも人がたくさん歩いていることに気がつくかもしれません。そうすれば仲間にメールを送って、遅れることを知らせることもできるでしょう。

そして「配慮」を大切にするあなたは、「配慮してほしいけれど、彼らも話すのが楽しくて夢中になっているんだろうな。自分にもそんな時ってあるよな」と思えて、そのまま後ろを歩き続けるかもしれません。

このように自分のニーズに気づけると、それを満たす方法を落ち着いて考えて、自分の言動を選べるようになります。結果的に、ニーズが満たされる確率は高くなるでしょう。

私たちはなぜ話すのか。それは、自分にとって「価値ある何か」を手に入れるためだと冒頭でお伝えしました。その手に入れたいという思いこそ本音なのだと。

そして、手に入れたい何かは常に移り変わっていきます。私たちは、その変わり続ける何かを追い求めて、ほとんど無意識に話しているといえるのです。

スキル1が身につくと、感情を味わって、ニーズにたどり着くことができるので、自分の本音も意識して話せるようになっていきます。相手の本音を聞くことも、相手に本音を伝えることも、すべては自分の本音に気づくことから始まるのです。

スキル

2

相手の本音を聞く

相手の本音を聞く3ステップ

あなたには、本音を言える人が何人いますか？

私は、ずっと0人でした。本当に思っていることなんて言ったら嫌われる。そもそもわかってもらえるはずがない。そう思い込んでいたからです。

でももし、これからお伝えする方法で聞いてくれる人に出会えていたら、心を開いて本音を打ち明けられたかもしれません。「この人になら本音を話せる」と思える存在は、本当に心強いもの。ぜひあなたにも、まわりにいる大切な人たちのためにそんな存在になってほしいと思っています。

そのために身につけたい「相手の本音を聞く」技術には、大きく分けて3つのステップがあります。

①話を聞いて、受け取る

②感情を想像し、たずねる

③ニーズを想像し、たずねる

まずは、相手の話を聞くことが最初のステップ。会社や家庭で何かがあった、何かを言われた、そんな相手の体験を聞いて、そのまま受け取ることで信頼を築きます。

その信頼をベースに、相手の感情を想像し、ニーズをたずねて相手の本音にたどり着く。これが本音を聞く大まかな流れです。

それでは、最初のステップで相手の話を聞くにあたり、まず話というものがどれほど伝わりにくいものなのか、その仕組みを理解することから始めていきましょう。

それはもう、びっくりするほど複雑な工程を経て、私たちは話を伝え合っているのです。

話は伝わらなくて当たり前

「どうしてわかってくれないんだろう?」

言いたいことが伝わらない時は、誰だってストレスを感じるものです。

では、外国の方と話す場合はどうでしょう。伝わらないもどかしさはありますが、「どうしてわかってくれないの?」とイライラしたりはしないはずです。言葉がわからないのだから、「伝わらなくて当たり前」と思えます。

ところが、お互いに日本語がわかるとなると、途端にイライラしてしまうもの。それは、心のどこかに、「伝わって当然」だという意識があるからかもしれません。だから、伝わらないと、「どうしてわからないの!」とストレスを感じるわけです。

さて、ここで質問。本当に、話は「伝わって当然」なのでしょうか?

そもそも、会話はいつ始まるのでしょう。「これは重要なことだ」「いいアイデアを思いついた」など、話し手が何かを見たり、聞いたり、考えたりして心が動いた時です。

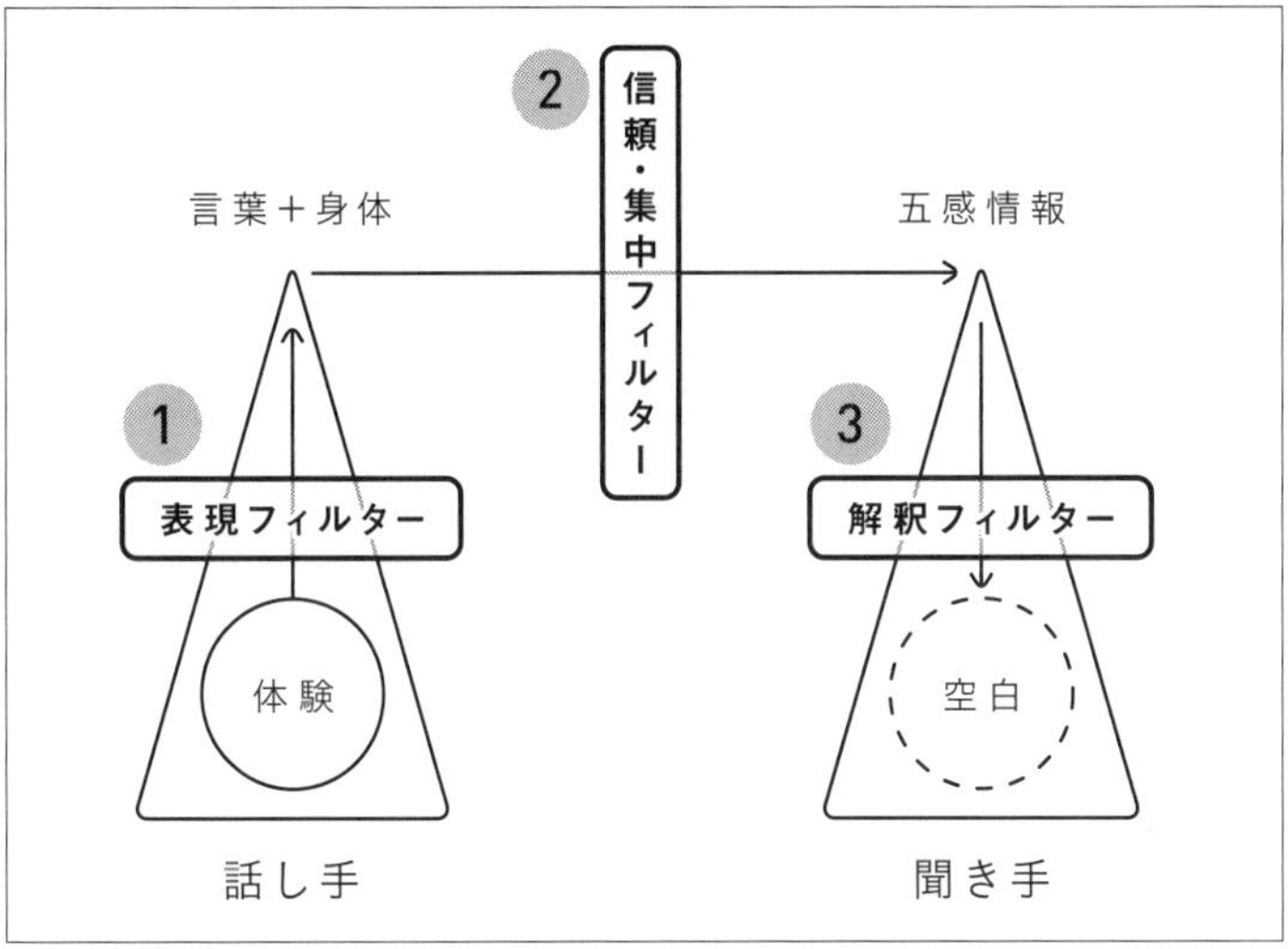

つまり、**心動かされる体験が会話のスタート地点。**心が動かない日常――今日もいつもの時間に起きていつもの電車に乗った、なんていう話をわざわざ人に伝えようとは思いませんからね。

さて、この「伝えたい」と感じた体験は、どのように相手へ届けられるのでしょう。上の図をごらんください。話し手の体験は「①表現フィルター」を通って、まず言葉と身体による表現（声や身振り手振り）に変換されます。聞き手が五感で受け取れる情報に変えなければ、伝えることができないからです。言葉にしなくてもテレパシーか何かでピピッと伝えられたらラクなのですが、幸か不幸か人間はまだそこまで進化していません。表現してこそ伝えることができるのです。

もちろん、表現には「話す」以外にもたくさんの方法があります。「描く」「書く」「撮る」「踊る」「歌う」「奏でる」「演じる」「作る」などのすべてが表現です。そして、そのどれもが表現フィルターを通って「絵」「文章」「写真」「ダンス」「音楽」「芝居」「料理」など、五感で受け取れる情報に変換されることで伝わっていきます。「話す」ことは、そんな数ある表現の中のひとつなのです。

ただ、「話す」という表現が他の表現と決定的に違うのは、選べないということ。表現方法は基本的に、自分の好みや才能に応じて選ぶことができます。絵を描くのが得意な人は、ダンスを踊らずに絵を描けばいい。苦手なことをやる必要はありません。ところが「話す」という表現だけは、得意でも不得意でも、ほとんどの人が生きていくためにやらざるを得ないもの。避けて通るのが難しいのです。

だからこそ、会話は、多くの人が悩むところとなるわけですね。

相手との間にある3つのフィルター

それでは、伝えたいと思った体験が第1フィルターを通り抜ける時、どのように言葉や身体による表現へと変換されるのか。1秒よりも早いほんの一瞬のうちに、私たちは実に多くのことをおこなっているのです。

1―表現フィルター

伝えたい体験が「表現フィルター」を通過する時、まず「**選ぶ**」作業がおこなわれます。体験のすべてを話すことはできないので、どの部分を話すのかを選ぶのです。

たとえば、2時間の映画を観たからといって、2時間かけて話したりしませんよね。それに、もし2時間使って話したとしても、すべてを語り尽くせるとは思えません。色彩、役者の演技力、物語が展開するテンポなどは、言葉で語るよりも実際に観たほうが早いでしょう。だからこそ、どの部分を話すのか（話したいのか）を、選ぶ作業が必要になります。感想、あらすじ、俳優さんの名前、監督のこれまでの代表作、映画館の場所、誰と行ったのかなど、映画を観るという体験全体の中から、どれを話すのかを決めるのです。この過程で、体験の多くは削ぎ落とされることになります。

そして、「選ぶ」と並行しておこなわれるのが「**組み立てる**」作業。どんな順番で話すのかを考えます。映画のあらすじから説明するのか、その映画を見ることになったきっかけから話すのか？　など、話の構成によって面白さや伝わりやすさは、大きく変わるでしょう。プレゼンテーションのように、人前で話す場合はあらかじめ決めておくことが多いと思います。でも、準備のない日常会話では話しながら「組み立てる」ため、話が行ったり来たりしがちです。

加えて「**言葉を探す**」作業をおこないます。「感動した」と言うのか、「心が動かされた」と言うのか、「心を揺さぶられた」と言うのか。自分の体験にぴったりくる言葉を探します。小説家のように語彙《ごい》をたくさん持っていればぴったりの言葉が見つかるでしょうが、言葉のプロではない私たちには、上手く言えないことだらけです。

言葉とは、いうなれば絵具のようなもの。たくさんの絵具があれば、心の中にあるイメージにぴったりの色で描くことができるでしょう。でも、10色しかなければ、だいたいこんな感じかな？　という色で描くしかありません。色鮮やかな体験も、言葉に変換した途端にその鮮度を失ったり、ニュアンスを変えてしまったりするのが常なのです。

このように、表現フィルターでは、伝えたい体験が「言語化」されていきます。内容を「選び」、順番を「組み立て」、ぴったりくる「言葉を探す」といった作業を通じて、聞き手が受け取れる情報に変換されていくのです。

このプロセスにおいて、もとの体験はずいぶんと質を変えてしまうことがわかります。内容は省略されるし、順番は時系列にはならないし、言葉は自分が知っている中からしか選べないのですから。

この言語化に加えて、もうひとつおこなわれるのが「**身体による表現**」への変換です。表情や姿勢、身振り手振り、そして声の高さに大きさ、明るさ、また話すスピードなど、体験に応じて身体の表現は変わるでしょう。この作業はほぼ無意識でおこなわれるため、自分の癖が出やすいところでもあります。たとえばくせ毛が気になる人なら、伝えたい内容にかかわらず、話しながら髪を触ってしまうかもしれません。話し手は、時にこういったノイズともいうべきメッセージも気づかないうちに発信しがちなのです。

さて、話の出発点にあった「体験」は、第一フィルターを通り抜けたあと、何割くらいもとの形や大きさを保っていられるでしょうか。

2―信頼・集中フィルター

表現フィルターを通して言葉や身体で精一杯の表現をしても、残念ながらそのすべてを聞き手に受け取ってもらえるわけではありません。今度は、信頼・集中フィルターを通り抜けることになるからです。

つい先日も、こんなことがありました。打ち合わせで話を聞きながら、「あ、この人のメガネ汚れているな」→「あまり拭かないのかな」→「そういえば、この前もらったメガネ拭きは、顔を洗う時にも使えるとメガネ屋さんが言っていたな。よし、洗面所に置いておこう」、などと全然関係ないことを考えている自分がいました。人の話は、ただ聞いているだけだと、だいたい10％程度しか記憶に残らないといいます。残念ながら、ずっと集中して誰かの話を聞き続けることは難しいのです。

それが苦手な人の話となればなおさら。同じアドバイスでも、「言ってくれてありがとう」と思える人と、「あなたに言われたくない」と思う人がいませんか？ 相手に心を開いていなければ、話を聞いていたとしても、聞き入れることはできません。心の扉は、お互いの信頼関係がある時にだけ開くのです。

3 ─ 解釈フィルター

最後の関所は3つ目の「解釈フィルター」。2つのフィルターを無事通り抜けた言葉と身体の表現は、見たり聞いたりできる五感情報になって聞き手に届けられ、聞き手の体験に基いて解釈されます。

たとえば、あなたが盆踊りについてアメリカの友人に話したとしましょう。「近所の公園で」とあなたが言った時に、相手が思い浮かべるのは自分の近所の公園です。「和太鼓を叩いて」と言えば、和太鼓を知らないその人は自分が知っている打楽器を思い浮かべるでしょう。「盆踊り」を知らなければ、自分が知っているどこかの民族舞踊を思い浮かべるかもしれません。

こうやって聞き手は、それぞれが自分の体験をベースにして話を理解するので、同じ情報を届けたとしても、受け取り方は人それぞれなのです。

さあ、いかがでしょう。あなたが伝えたいと思った体験は、こうして3つのフィルターを通り抜けて、相手に伝わっていきます。これでもまだ、伝わることは当然だと思われますか？

私には、伝わること自体がひとつの奇跡のように思えます。人間は、なんとすごいことを毎日当たり前のようにやっているのでしょうか。

「伝わるってすごい！」

今では私は、伝わらないことへのストレスよりも、伝わることへの喜びを感じるようになりました。だからこそ、伝える工夫をして、少しでも相手にわかるように話したいと思えるのです。

言葉はラベルにすぎない

それではいよいよ、相手の本音を聞く最初のステップ、「話を聞いて、受け取る」に入っていきます。

まずは、相手が「伝えたい体験」を語ることから始まるわけですが、相手が上手く語れるとは限りません。「語る」という行為がどれほど難しいか、3つのフィルターの存在を知ったあなたには容易に想像できるでしょう。そこで、聞く立場のあなたのほうから相手に歩み寄ってほしいのです。

ある会社の役員研修で私が体験したことを例にご説明しましょう。それは、会社が求める人材について話し合っている時でした。AさんとBさんの意見がぶつかったのです。

A「バランスのいい社員がほしい」

B「バランスのいい社員なんていらない」

言葉だけを聞いていると、ふたりは真っ向から対立しているように見えました。でも、よ〜く聞いていると、両者が言う「バランスのいい社員」の意味するものが違うことに気づいたのです。

そこで、私はこう言いました。

私「お話の途中にすみません。ちょっといいでしょうか。まずAさんのおっしゃるバランスのいい社員とは、〝いろんな人とバランスよくコミュニケーションができる社員〟という意味ですよね」

A「そうです」

私「では、Aさんの意見に反対の方はいますか？」
（全員首を横に振る）
私「いませんね。一方、Bさんがおっしゃるバランスのいい社員とは、〝国数社理英、全教科平均点を取るタイプの社員〟のこと。そんなバランスのいい社員よりは、何か突出した特技や専門性を持つ社員がほしいとお考えなんですね」
B「そうです」
私「では、Bさんの意見に反対の方はいますか？」
（全員顔を見合わせて、そんなことないよねと確認している）
私「いませんね。ということは、AさんとBさんの意見はぶつかっていませんね」
（全員きょとんとする）

ふたりは、「バランスのいい社員」という言葉をお互い違う意味で使っていたことに気がつかず、対立し合っていると思い込んでいたのです。

言葉はラベル。自分が感じていることや考えていることに、ペタッとシールを貼りつけたようなもの。だから、ラベルの言葉は同じでも、その意味まで同じとは限りません。

また、ラベルへのこだわりも人それぞれです。語彙の豊富な人もいれば、少ない人もいます。時間をかけて言葉を探す人もいれば、ぱっと思いついた言葉でいいや、と思う人もいます。

だから、話を聞く時には、相手が自分の体験に貼りつけたラベル（＝言葉）が、自分のラベルと同じだと思い込むのではなく、相手がそのラベルを貼って伝えようとしている「もとの体験」に耳を傾けてみてほしいのです。

ほとんどの人が、聞き下手

ところが現実では、そもそも相手の言葉（ラベル）さえちゃんと聞けないことが多い。それを如実に体感できるワークがあります。ペアでお互いに話を聞く。何も口を挟まずにただ聞く。そして聞き終わったら、相手が話したことをそのまま伝え返す。これだけです。いたってシンプルなワーク……だと思われるでしょう？

ところが、やってみるとこれが非常に難しい。「ちゃんと聞こう」と集中しても、すぐに気持ちがどこかへいってしまいます。「同じ話を繰り返しているな」と相手の話を評価したり、「いい声だなあ」と聞き惚れたり、「寝癖がついている」と話に関係ないことに気づいてしまったりする。「あ、いけない」と思った時にはすでに数秒が過ぎていて、大事なキーワードを聞き逃していたりするのです。

私たちは相手の話を聞いているつもりで、実際にはほとんど聞けていません。

「私はそんなことない」と思われたあなた。1分間でかまいません。誰かの話を聞いている時、自分が何をやっているのかをよくよく観察してみてください。自分が聞いている時に、頭の中でしゃべっている自分の声を聞いてみるのです。すると、聞いているつもりでも、実際には、自分が次に話すことを考えていることに気づくでしょう。場合によっては、その思いついたことを声に出して、話し始めているかもしれません。

テープレコーダーになろう！

では、いったいどのように相手の話を聞けばいいのでしょう。まず取り組みたいのは、自分が「テープレコーダー」になったような感じで聞くこと。自分の考えを挟まずに、相手の話をただ自分の頭の中のテープに録音するように受け入れていく。放っておくとすぐ自分の考えが動き出すので、それをぐっと抑えながら相手の話に集中するのです。

やってみるとわかるのですが、ものすごく疲れます。人の話をちゃんと聞くのって、こんなに大変だったのかと、それはもう、驚くほど疲れるのです。自分がこれまでいかに人の話を聞いていなかったのかを思い知らされますが、やっているうちに慣れてきて、やがて自然にできるようになるでしょう。

テープレコーダーになる目的は、自分の考えに「聞くこと」の邪魔をさせないこと。自分の主張が前に出てこなくなると、**相手の言葉から感情とニーズを想像する聞き方**ができるようになります。これまでは、「私だったらこうする」「私の意見は違う」など、自分の考えをまとめるために使っていたエネルギーを、相手の本音を想像するために使えるようになるからです。これこそが身につけていきたい本音の聞き方です。

「相手は今、何を感じているんだろう」「今ちょっとがっかりしたように見えたけど、なぜだろう」と、話の内容そのものよりも、なぜそれを伝えようとしているのかという、相手の感情とニーズを想像して聞いてみてください。

本当にちゃんと聞こうと思ったら、自分のことを考えている暇はありません。話す時、相手が発信しているのは言葉だけではないからです。ふとした目線の動き、声のトーンの変化、手の位置など、挙げればきりがないほどに、相手は全身からメッセージを送っています。全神経を集中しても受け取れないくらい、話すことで伝えられる情報量は膨大なのです。

「わからない」という前提があるから謙虚に聞ける

このように相手を軸にして聞く能力を身につけた時、気をつけたいことがあります。自分には相手のことが手に取るようにわかる、そんな傲慢な気持ちが顔を出すことがあるのです。

しかし、どんなに聞く力が向上したといっても、3つのフィルターを通過して伝わってくる話ですから、自分の想像はあくまで想像、それが合っているかどうかはわかりません。

ある会社に、よく遅刻してくる人がいました。みんなその理由を、自己管理ができないからだと決めつけています。でも、そこにひとり、決めつけない人がこうたずねたのです。

「遅刻するのには、何か理由があるの？」

その言い方には、相手を責めたり決めつけたりする感じがまったくありません。純粋にわからないから教えてほしいという気持ちで、たずねたのです。

すると遅刻する人は、はじめてその理由を語りました。彼は、時間を逆算して計算することができなかったのです。たとえば9時出社なら、通勤にかかる30分と、支度する30分を差し引いて8時に起きればいい。その計算ができないから、遅刻を繰り返していたのです。

もし、たずねた人が、遅刻する理由は怠けているからだと決めつけていたら、その人はきっと、心を開いて本音を口にすることはなかったでしょう。自分にはわからないからこそ理解したい、そういうニュートラルな気持ちでたずねたから、その人は安心して本音を言えたのだと思うのです。

相手の本音は、自分にはわからない。そう思えた時、相手ことを決めつけずに話を聞こうとする謙虚な気持ちが生まれます。その時はじめて相手はあなたに心を開き、本音を伝

えてみようと思えるのです。

受け取った言葉は、そのまま伝え返す

このように謙虚な気持ちで話を聞いたら、「受け取った」ことを相手にわかる形で表現します。受け取った内容を、そのまま相手に伝え返すのです。

伝え返すことの意義はふたつあります。

①言わないと、「受け取った」ということがわからない

見落としがちな事実ですが、話を聞いて受け取るという行為は、あなたの内側で起こる体験です。それは、言葉にして伝えなければ相手にはわからない類のもの。だからこそ受け取った内容を伝え返すことで、「私は受け取ったよ」という表明をする必要があるのです。

少し面倒だなと思われるかもしれませんが、このひと手間が極めて重要です。宅配便を想像してみてください。受け取ったことが、お互いの目に見えますね。それでもサインをしたりハンコを押したりして、受け取った証拠まで残します。ところが、会話は受け取ったことが目に見えないし、証拠だって残らない。だから、伝え返すことではじめて、「本当に受け取ってもらえたのかな？」という相手の不安を解きほぐすことができるのです。

②伝え返すことで、相手は自分の発言を確認できる

話をする側は、自分の体験を外へ「出す」ことに集中しています。「何て言えばいいかな」「どう伝えればいいんだろう」と、言葉を見つけることに一所懸命なので、実際に「何を」話したのか、ちゃんと覚えていないことも多いのです。

そんな時に聞き手から伝え返してもらえると、今度は自分の言ったことを「受け取る」ことに集中できます。「あ、私はそんな話をしたんだな」と、自分が言ったことを落ち着いて確認し、客観的に見つめることができるのです。

それでは早速、伝え返しの練習をしてみましょう。

もし私が①の内容をあなたに話したとしたら、どのように伝え返してくれますか。

「話を聞いて受け取るという行為は、自分の内側で起こる体験なので相手には見えないし、宅配便のハンコやサインのように受け取った証拠も残らない。だから伝え返すことで、相手の不安を解きほぐすのですね」

このように、あなたが受け取ったことを言葉にして伝えてください。ひとことも漏らさず、正確に伝え返す必要はありません。人は話す時、同じところを行ったり来たりしながら説明するものですから、すべてを伝え返す必要はないのです。

ただ、相手が使った言葉はできるだけ尊重し、同じ言葉を使うようにするといいでしょう。相手が「宅配便」と言ったなら、宅急便と言わずに宅配便という言葉を使う、といった具合です。

このような「伝え返し」は信頼関係を築いてくれます。「ちゃんと話を聞いてくれる人なら、心を開いて話してみてもいいかな」と思えるからです。本音を聞く会話においては、欠かせない要素だといえます。

伝え返すタイミングは、相手がある程度話し終えたな、という区切りのいいところ。もし話が長引いてタイミングがつかめない時は、このような言い方で伝え返すきっかけを作るといいでしょう。

「今、◯◯さんの話をちゃんと受け取れたか確認したいから、聞いた内容を伝え返してみてもいいですか？」

「話の途中にごめんね。いろんな話を聞かせてもらって、ちょっと私のキャパを超えそうなの。ここまで聞いた話を一度言ってみてもいい？」

同じ話がぐるぐると回って終わらない時も、このように切り出して伝え返してみてください。

相手の本音を聞ける人の条件

このように「話を聞いて、受け取り」、相手との信頼関係を築くまでが第1のステップです。続く第2のステップ、「感情を想像し、たずねる」では、築いた信頼をベースに、相手の本音が眠る心の海へと潜ります。

感情をたずねられる相手は、あなたに信頼を抱いているとはいえ、自分の心の海を潜ることに不安がいっぱいです。心の扉を開けて、深く潜れば潜るほど、本人さえ未知の領域へと突入することになるからです。それはまるで、心がまとった洋服を1枚ずつ脱ぎながら裸になっていくような体験ともいえます。大袈裟ではなく、言葉のナイフで一突きされたら命が危うくなるほどに無防備なのです。当然、相手にとっては危険な旅路になりますから、ガイドであるあなたへの深い信頼がなければ深海まで一緒に潜ることはできないでしょう。だからこそ、第1のステップを踏んでから第2のステップに移行したいのです。

また、本音への旅路のガイドを務めるには条件があります。それは、自分の本音にたどり着いた経験があること。本音への道のりは、そこを通ったことがある人にしか見えません。だから、スキル1の自分の本音に気づく技術が重要になります。本音に気づいた経験があるからこそ、相手を深海にまでガイドできるのです。

本音へのガイドは、半歩後ろから光を照らす

さて、ガイドというとグループの先頭で旗を掲げて歩く姿が絵に浮かびますが、心の深海へのガイドは少し違います。相手の前ではなく、半歩後ろをついていくのです。

なぜなら、感情もニーズも、「早く感じて」と急かされて感じられるものではないから。あくまでも相手のスピードを尊重します。張り切ってリードする必要はありません。半歩後ろから懐中電灯で行く先を照らすようにガイドしていきましょう。

まずは、海の表面で揺れ動く「相手の感情」に会話の焦点を当てていきます。言葉で光を当てるような感覚です。

「○○だと感じているの？」
「○○だと感じているんだね」

このような問いかけで、相手が今、何を感じているのかをたずねます。この時、「○○だと感じているんだよね（そうに違いない。私ならそう感じるから）」と決めつけるのではなく、あくまで「たずねる」という姿勢でいることが大切。「○○なんだね」という言い方は、文字だけ見ると決めつけているようですが、心の中では「わからないから教えてほしい」と思っている、あくまでハテナの状態です。

もしあなたが、「こういう体験をしたということは、こういう気持ちに違いない」と、自分の解釈を押しつけてしまったら、その瞬間に相手は心の扉を閉じてしまうでしょう。自分を決めつける人が、本音を理解してくれるとは思えないからです。

人間は決めつけられることを好みません。「あなたって○○な人だよね」と言われると、自分という3Dの人間をスパッと切り取られ、その切り取られたひとつの断面だけを見て、「これがあなたです」と判断されたように感じてしまう。「私には他の面だってあるよ！」と主張したくなるのです。

感情とは身体感覚に名前をつけたもの、でしたね。そして、身体の感覚は当たり前ながら本人にしか感じられないもの。だからこそ、感情をたずねる時は、「わからないから、教えてほしい」「私にはこう見えるんだけど、そうなのかな？」という謙虚な気持ちでたずねることが大切です。

本音にたどり着くためのクローズド・クエスチョン

たずね方としては、「どんな気持ちなの？」など、自分で言葉を見つけなければ答えられないオープン・クエスチョンよりも、「○○だと感じているの？」とＹＥＳ／ＮＯで答えられるクローズド・クエスチョンのほうが好ましいでしょう。その理由は３つあります。

１つ目は、「○○だと感じているの？」と質問されたほうが、寄り添ってもらえたと感じられるから。自分の気持ちを想像してくれたんだな、ということが伝わります。一方、「どんな気持ちなの？」と質問されると、「寄り添う」というよりも「丸投げ」されている感じがします。「私には全然わからないから、あなたが自分で考えてね」と、少し突き放されているように感じやすいのです。

２つ目の理由は、「○○だと感じているの？」と聞かれたほうが答えやすいから。「どんな気持ちなの？」とたずねられると、感じている気持ちはあっても、それを表す言葉が思いつかなければ、答えることができません。たとえて言うなら、マグロとイカしかお寿司のネタの名前を口にできない人が、「どんなお寿司が好き？」と聞かれて、ウニやヒラメや金目鯛のイメージは浮かんでいるのに、言葉が出てこなくなるようなもの。とってももどかしいのです。

そして3つ目の理由は、抵抗が少ないから。私たちは、自分から「私はこう感じている」、と感情を伝えることに慣れていません。だから、相手に「こうなの？」と言われて「うん」と言うほうが、相手のリードに「着いていっただけ」と、心の中で言い訳ができて、言いやすいのです。

また、会社員として、親として、あるいは先生としてなど、「感情は抑えるべき」だと思いながら社会的役割を長く担ってきた人は、感情に目を向けることにさえ抵抗があるでしょう。これまで感情が飛び出さないように固く閉じてきた心の扉を、自分の手では簡単に開けられないのです。

でも、「うれしいの？」といった具体的な感情を選択肢として提示されたなら、心の扉を少しだけ開けてみようと思えるかもしれません。うれしいのかどうかを確認するだけなら、ちょっと開いてみる勇気だけで済みますからね。

相手の感情がわからなくてもいい

相手の感情をたずねようとする時、「間違っていたらどうしよう」と不安になることがあるかもしれません。「わかってないなあ」と思われて、信頼を失うのが怖いからです。

でも、心配する必要はありません。たずねた感情は、間違っていてもいいからです。

それは、こんなシチュエーションを想像するとよくわかるでしょう。友だちがあなたに、「これってリンゴかな?」と、机の上の果物を指差しながら話しかけてきました。あなたは、指差された「これ」のほうを見ます。でも、その果物がリンゴでない、ということがわかりました。でも、何なのかはよくわかりません。すると、あなたの意識は「これって、何だ?」とその果物自体に向かいます。そして、考えた末に一言。

「リンゴじゃないと思うけどなあ。これって、○○なんじゃない?」

このプロセスが、極めて重要です。まず、「これってリンゴかな?」と相手に言われたとき、あなたは「これ」を見ましたね。つまり、「うれしいの?」など、感情を質問されると、人は自然と自分の感情に目を向けてうれしいかどうかを確認しようとするのです。

さらに、これはリンゴじゃない、と思った瞬間、あなたは「じゃあこれって、何だ？」と考え、答えを探し始めました。つまり、「うれしいの？」と感情を聞かれて「違う」と思ったら、今度は自分で、今感じている感情を探し始めることになるのです。

だから、「〇〇だと感じているの？」とあなたが想像した感情が間違っていても、何の問題もありません。**目的は、相手が自分の感情に気づくお手伝いをすること、ただひとつ。あなたが正解しなくてもいいのです。**

相手の感情をたずねる質問は、相手の心の中にある感情に、懐中電灯の光を当てるようなもの。光が当たれば相手は自然と感情に目を向けることになるでしょう。そしてあなたが照らした場所が間違っていれば、相手は自ら懐中電灯を手に取り、自分で自分の感情を見つけにいきます。それでいいのです。

相手のニーズをたずねてみる

相手が自分の感情に気づいたところで、次はニーズへと導いていきましょう。相手の本音を聞くための第3のステップ「ニーズを想像し、たずねる」です。

「○○（感情）と感じているのは□□（ニーズ）が大切だからですか？」

このように相手がたどり着いた感情を伝えながら、今度はニーズを光で照らします。この時もやはり、照らす場所が合っていなくてもかまいません。前述した通り、「そのニーズじゃない」となれば、相手は自分でニーズを探り始めますから、それでいいのです。

では、具体的にこんなシチュエーションを考えてみましょう。あなたは、上司から言われた仕事をやり忘れていたことに気づいた同僚から相談を受けました。話を聞いて受け取ったあなたは、伝え返しをして感情をたずねます。

自分「上司に頼まれたことを忘れていたことに気がついて、焦ったし、すごく不安な気持ちになったんだね」（伝え返し＆感情をたずねる）

相手「……（本当に不安なのかを感じようとしている）。う〜ん……。不安っていうか、恐怖かなあ。またやってしまった、って……」

自分「そっかあ。不安というよりも、恐怖なんだ……」（伝え返し＆感情をたずねる）

相手「うん、そうなんだよ……」

同僚は、あなたに質問されて自分が恐怖を感じていることに気づきました。でも、なぜ怖いのかはわかっていません。そこで、満たされないニーズをあなたが想像します。

上司からの「信頼」が大切で、それを失うことが怖いのでしょうか。それとも自分が職を失うことを恐れているのでしょうか。その場合は、「生命・生活の維持」がニーズとして想像されます。あるいは、自分のミスがお客様や会社全体に与えるダメージを考えると、みんなに非難されて「安全」や「尊厳」、「尊敬・尊重」、「帰属」を失いそうで怖いのかもしれません。

これらの想像を、そのまま相手に聞いてみます。

自分「上司に信頼してもらえることが大切だから、怖いと感じてるの？」（ニーズをたずねる）

相手「うーん……。信頼なんてすでにないと思う」

自分「上司から信頼されている感じがしていないんだね」（伝え返す）

相手「うん。だって、この前も同じようなミスをしちゃったからさ」

自分「同じようなミスを繰り返したから、ますます信頼を失いそうで怖いの？」（ニーズ

をたずねる）
相手「もうここまで来たら、信頼されないっていうか、具体的に何か……うーん、左遷されるとかそういうこともありうると思うんだ」
自分「今の仕事、すごく面白いってこの前言っていたね。左遷されたらやりたいことができなくなりそうで怖いの？」（ニーズをたずねる）
相手「いや、仕事うんぬんじゃなくて、家族なんだよ。家も買ったばかりだし、家族はみんな引っ越しなんてしたくないって言うと思うんだ。そうしたら単身赴任だよ⁉」
あなた「家族との今の生活を、大切にしたいんだね……」（ニーズを伝え返す）
相手「うん……そうなんだよなあ（相手は肩の力が抜けて、わかってもらえた気持ちになる）」

この場合、相手のニーズは家族との今の生活を維持することでした。

「上司から言われた仕事をやり忘れていたことに気づいて、恐怖を感じている。なぜなら、家族との今の生活を維持することが大切だから」

これこそが、相手の真の本音。

本音とは、こんなふうに、あっちへ行ったりこっちへ行ったりと、まるでダンスを踊るように会話をしながら心の海を潜り、感情に気づいて、ニーズに気づくことでたどり着くものなのです。

ニーズがわかると、身体の緊張はやわらぎ、感情の波から解放されます。もちろん、家族との今の生活が大切だとわかったところで、左遷されるかもしれない状況に変わりはないのですが、自分のことが「わかった」、誰かが「わかってくれた」という体験は、ある種の安らぎをもたらしてくれるのです。

多くの場合、心に静かな沈黙がおとずれると、声も変わります。深海へ潜ると、声に深さが出るのです。取りつくろった声ではなく、お化粧をしていないスッピンの声といった感じ。本音にたどり着くと、声もその人本来の響きになるでしょう。

ニーズは全人類共通

こうして相手が自分のニーズにたどり着くと、ガイド役のあなたも、まるで楽器が共鳴するかのように一緒に穏やかな気持ちになるでしょう。相手がたどり着いたニーズは、あなたにとっても大切なニーズのひとつだからです。
ここで巻末の「ニーズリスト」をご覧ください。

いろいろなニーズがありますね。いかがでしょう。これらを眺めていると、どれも必要で大切なものだと感じませんか。平和。創造性。気楽さ。自由。健康。優しさ。理解すること、されること。時と場合によって優先順位は変わりますが、どれも「あったらいいな」と感じるものばかりだと思います。

そして、そう感じるのはあなただけではありません。人種や性別、年齢や職種の違いを超えて、すべての人があなたと同じように、これらのニーズを大切だと感じるでしょう。

ニーズは、全人類に共通するユニバーサル（普遍的）な価値だからです。

生きている場所によって、起こる出来事は違います。
その出来事をきっかけに生まれる感情だって様々です。

でも、その感情を味わって深く進み、たどり着くニーズは全人類共通です。だからこそ、本音でコミュニケーションできた時に、私たちはわかり合える。その人を好きにはなれないかもしれない、でも理解することはできると思うのです。

20代の頃、何かの本で犯罪者の心理を知って驚いたことがあります。その本には、世界的に有名な凶悪犯罪者がみんな、「自分は悪くない」と言って自分の正当性を語ると書かれていました。世界中の人が理解に苦しむような残虐な罪を犯した人でも、「自分は正しい」と思っているのです。だとしたら、すべての人間が「自分は正しい」と思って生きていてもおかしくはありません。それなのに、正しくないと解釈したくなるようなおこないは存在します。それはなぜなのか。

その疑問は、「ニーズ」という考え方を知った時に解消されました。どんな人も、ニーズを満たそうとして生きている。そのニーズはすべての人にとって大切な価値だから、それを満たそうとしている「自分は正しい」と考える。ただ、ニーズを満たそうとする手段が、時に悲劇的になってしまうのです。

人間は自らのニーズを満たそうとして、本当にいろいろな「言動」をします。そして、**その言動以外にもニーズを満たす手段はたくさんあるのに、そうしなければ満たせないと無意識のうちに思い込んで、手放せなくなってしまうのです。**

ＤＶ（ドメスティック・バイオレンス）をされても恋人と別れられないのは、暴力という手段が「愛」のニーズを満たしているからです。他にも「愛」のニーズを満たす手段はたくさんあるのに、暴力をふるわれなければ、愛されていないような気がしてしまう。だから多くの人が別れてもまた、同じように暴力をふるう人を選んでしまうのでしょう。

部下を受け入れようと思うのに批判ばかりしてしまうのは、批判しなければ部下は成長しないと思い込んでいるからかもしれません。「成長」のニーズを満たす方法は批判以外にもたくさんあるのに、波だった海面（感情のレベル）にいる時には、批判しかないような気がしてしまうのです。

そして、何かをやめたいのにやめられない時も同じ。たとえば、遅刻癖がある人は、遅刻することで「自由」のニーズを満たしていることがよくあります。ルールを破ることには、小さな快感がありますね。もちろん本人は、遅刻することで自分が自由の喜びを感じているなんて思いもしません。だから自由を満たす他の方法を考えてみようと思い至らないのです。そして、頭では遅刻してはいけないと思いながら、ニーズを満たそうとする無意識の強い力に引っ張られて、遅刻を続けてしまいます。

このようにニーズが見えていないと、手段に固執せざるを得なくなるでしょう。それは、とても不自由な状態です。でも、**ニーズに気づければ、深海がもたらす落ち着きの中**

で知恵を働かせ、悲劇的ではない方法を選べるようになります。また、相手と話し合ってニーズを満たす方法を一緒に探していくことだってできるでしょう。

お互いが求めるニーズを理解し合える時、自分ひとりの力では到達することのできないような場所へだって、たどり着くことができるのです。

本音から遠ざかる受け答え

さて、ここまでにお伝えした3つのステップを会話に取り入れていくことで、相手の本音はどんどん聞けるようになっていくでしょう。そして、実践を続けていけば、相手の話を聞くことが難しくなる瞬間だって訪れるはずです。

そういう時に無理をして聞く必要はありません。今は話を聞けないということを、相手に伝えればいいのです。その伝え方については、次のスキル3でご紹介しますからご安心ください。

ただ、ひとつだけ誤解しやすいことがあるのでお伝えしておきましょう。「**相手の本音に寄り添う聞き方**」をしているつもりが、「**自分のニーズを満たす聞き方**」になっている

ことがあるのです。そこでこのふたつの違いを知っていただくために、私たちが自分のニーズを満たそうとしてやりがちな受け答えをいくつかご紹介します。

アドバイス

私たちはよかれと思って、様々な受け答えをします。たとえばアドバイス。女性は話を聞いてほしいだけなのに男性はアドバイスをしがち、と言われますね。

アドバイスそのものは悪いものではありません。ただ、アドバイスという手段は「解決」のニーズは満たしても、「共感」のニーズは満たせないもの。だから相手が共感を求めている時は、アドバイスをしても、残念ながら喜んでもらえることはないでしょう。

そこでアドバイスしたくなったら、自分の心の深海へ潜って、自分のニーズに気づいてみませんか。そこにはおそらく、「解決」したいというあなた自身のニーズがあるはずです。ニーズにたどり着いて、落ち着きを手にすれば、「解決」のニーズをちょっと横に置くこともできるでしょう。もしアドバイスをしたい気持ちがおさまらなければ、こう言ってみるのはいかがですか。

「今、アドバイスが思い浮かんだんだけど、言ってみてもいい？」

相手が「解決」を求めているのかどうかわからないので、直接確認してみるのです。

私の経験則ですが、人がアドバイスを求めるのは、圧倒的に話を聞いてもらえたあと。「わかってもらえた」という安心感を得られてはじめて、解決したいと思えるようになるからです。そのタイミングでのアドバイスなら、素直に受け取ってもらいやすいでしょう。

質問

質問はコミュニケーションにおける有効な手段です。あなたの興味関心を示すと同時に、相手から言葉を引き出して、会話を広げてくれます。ただ、**相手の本音を聞く時に限っては、相手の感情とニーズをたずねる質問に絞ったほうがいいでしょう。本音を聞く会話は、広げるよりも深めたいからです。**

「(あなたは)○○な気持ちなの?」「(あなたは)○○が大切だからそう思ったの?」

こういった質問なら、相手は自分が感じていることに目を向け続けることができます。

でも、「その話っていつのこと?」「具体的には?」「それで相手はなんて言ったの?」といった質問で、相手の話そのものを詳しく知ろうとすると、会話の焦点が相手の心ではなく、出来事へと移ってしまうのです。

それの何がいけないの？　相手の状況を詳しく理解しておかないと、相手の感情もニーズも想像できないじゃない、と思うかもしれません。でも、相手の本音があるのは、出来事の中ではなく、心の中なのです。だから、話そのものではなく、相手の心の中で会話を続けたいのです。

相手の本音を聞きたいと望む時には、「理解」や「好奇心」といった自分のニーズはいったん横に置いておきましょう。

自分の話

話を聞いていると、「私の場合はこうだったな」と自分の体験を思い出し、それを話したくなることもあるでしょう。相手の話を聞くよりも、自分の話を言いたい、聞いてほしいという気持ちのほうが強くなるのです。

これも、もちろんなんら悪いことではありません。しかし、話の主役があなたになれば、相手は当然自分の本音から離れてしまうでしょう。その時あなたは、自分の話を「聞いてもらうこと」や、自分の体験を「知ってもらうこと」といったニーズを満たそうとしているのかもしれません。そんな本音に気づいたら、そのあとどうするのかは、あなた次第です。

分析

「それってつまり、こういうことじゃない?」「その共通点はさあ……」など、話の内容を分析することも、相手の本音から遠ざかる受け答えになります。また、相手の感情を想像しているつもりで、分析していることもあるでしょう。「そんなことを言われたら人間はこういう感情を抱くはずだ。なぜなら……」と、論理的に語ろうとする時です。

これは私たちが日々、思考のトレーニングを繰り返してきた成果であり、代償ともいえます。「心で見なくちゃ、ものごとはよく見えないってことさ。かんじんなことは、目に見えないんだよ」とは、サン＝テグジュペリの有名な言葉。私たちは、残念ながら感じるトレーニングを、ほとんど積んできていないので、放っておくと思考モードになりがちなのです。

思考は、感情を制御する働きを持っています。つまり、ニーズの手がかりとなる感情を抑え込んでしまうのです。そうなれば、相手の本音は奥に隠れて見えなくなってしまうでしょう。考えて「理解」しようとするいつもの方法は手放し、「洞察」する心の目と耳を開いて全体を感じるようにしてみませんか。

相手の本音は、思考の先ではなく、感情の先にあるのです。

批判

「君の考えは少し甘いんじゃないか」「そんなこと言ってたら、会社員なんてやっていけないよ」など、相手を批判したくなることもあるでしょう。それは、痛みのあらわれかもしれません。「自立」「自主性」「成長」「学び」などを大切にする、向上心溢れる人ほど他人を批判したくなるのです。

「こんなことをしてはいけない」「言ってはいけない」と自分に禁じてきた言動をする人を見ると、我慢してきた自分の欲求がうずきます。

「本当は自分もやりたかったのにできなかった」

「そんなことをするなんて許されなかった」

その痛みが、相手への批判となってあらわれるのです。そんな時は、自分の深海に潜って、ニーズに気づいてあげてほしいと思います。相手の本音よりも先に、あなた自身の本音のほうが、聞いてもらえることを待っていると思うからです。

評価・判断

「あなたはやさしい人ですね」「それは相手が悪いんですよ」など、相手の話を聞きながら評価・判断したくなることもあります。そんな時は、自分の考えや価値観をわかってほしい、受け入れてほしい、認めてほしいといったニーズがありそうです。

批判ほどではありませんが、評価・判断されると人はやっぱり不安になります。相手に気に入られるためには、その人がいいと評価する枠の中にいなければならないと感じるからです。もしあなたが「やさしい人ですね」と言われたら、その人の前ではやさしい自分でいようとしませんか？　やさしい自分なら受け入れてもらえそうだと感じるからです。「相手が悪い」と言われた時も同じこと。その人が「悪い」と思いそうなことを言うと、嫌われそうな気がして、言えなくなってしまうでしょう。

評価・判断される関係性や環境においては安心できないし、心を開くことも難しい。その結果、相手は本当に言いたいことを言えなくなってしまうのです。

先読み

頭の回転が速い人やせっかちな人は、相手の話を聞いているときにイライラしがち。「何が言いたいの？」と結論を急ぎたくなるかもしれません。でも、相手の本音を聞くためには、相手の速さにあわせて会話を進める必要があります。「早く感じろ」と言われたところでスピードアップできるものではないし、急かされれば急かされるほど相手は焦って、本音を話すどころではなくなってしまうからです。

本音を聞く時には、「流れ（フロー）」や「効率性」以上に、相手を尊重するニーズが優先されるのです。

煽る

「それはひどい話だ」「そんなのあり得ない！」と相手の話に同調することがありますね。これは相手の感情に油を注ぎ、さらに燃え上がらせる受け答え方です。

この時、あなたは話をよりドラマティックにしたいのかもしれません。あるいは「正義」を大切にするあまり、相手を傷つけた人に怒りを覚えるのかもしれません。

しかし、人間はバランスを取ろうとする生き物。あなたがあまりに強く感情をあらわにすると、相手は逆に感じない方向へと心が動きます。いわゆる「引いてしまう」という状態です。

相手の感情の波がさざ波であれ大波であれ、本音を聞く時は、相手の感情の揺れを尊重しましょう。

聞けなくなったら、無理をしないこと

今挙げたこれらの受け答えは、日常会話においては、一般的におこなわれているものばかりですね。むしろ、相手の体験をただ聞いて受け取るという聞き方は、あまり体験したことのないめずらしいものかもしれません。それほどまでに、お互いが本音を語り、聞き合うような会話は、交わされていないのです。残念ながら。

先日も、カフェでひとりお茶をしていると、となりに座る女性6人の会話が聞こえてきました。ある人が「会社へ行きたくないんだ」と言うと、「行かないと食べていけないじゃない」という批判や、「そういう時は、会社へ行く前に何か楽しみをひとつ作るといいよ」というアドバイスが聞こえてきました。そしてある人が、「会社ってホントにつま

らないよね」と自分の会社の話を始めると、話題はそちらへ移ってしまいました。

「会社へ行きたくない」

そう語った女性の本音は、誰にも聞かれることなく終わったのです。

これって、本当によくある光景だと思いませんか？　私たちは自分が話すことに夢中で、なかなか聞くことができない。もし、そのカフェで誰かが「そっかあ。○○ちゃんは、会社へ行きたくないんだね」とただ話を聞いて受け取っていたら、彼女は自分の心の内を打ち明けられたかもしれません。「会社へ行きたくない」と言った自分の本音にたどり着けたかもしれないのです。そうしてつらい気持ちを友だちにわかってもらえれば、友情を深めることもできたでしょう。私たちは、本音を隠したいわけじゃない。本当は聞いてほしくて、何かのサインを送っているのです。

相手の本音を聞くことは誰にでもできます。でも、まわりでそんな聞き方をしている人をこれまで見たことがないから、そんな方法があるなんて思いもしないのです。

私だって知りませんでした。自分が話を聞けていないなんて思っていなかったし、「ただ聞くってそういうことだったの？」と目からウロコの体験を重ねてきました。みんな、まだ知らないだけなのです。こういうコミュニケーションのやり方もあるということを。

本音をガイドする時の聞き方は、いたってシンプル。頑張らないことです。相手のために役立つアドバイスも、話をわかりやすくする分析も、会話を盛り上げる質問も必要ありません。ただ相手が体験したことをそのまま受け取る。それだけでいいのです。

私たちは頑張らないことに慣れていませんね。だから常に何かをしようとしてしまいます。相手のために、何か言わなきゃと思ってしまうのです。もしそんな衝動に気がついたら手放すこと。

「あ、今、話を分析していたな。手放そう。今はただ聞こう」と思いながら、聞くことに戻ればいいのです。

この時、もし手放すのが難しければ深海へ潜ります。それでも感情の揺れが静まらなければ、正直に自分の本音を伝えましょう。その伝え方はスキル3で詳しく解説します。

いずれにせよ、無理をする必要はまったくありません。

相手の話に「同意」する必要はない

最後にもうひとつ知っておいてほしいことがあります。それは、**相手の話を受け取るた**

めに、同意する必要はない、ということです。

多くの人が話をちゃんと聞くことは、相手に「同意」することだ、話を合わせておかないと嫌われる、と思っています。でも、これは誤解です。

自分と異なる意見には同意しなくていい。相手がそう考えているという事実を、ただ受け取ればいいのです。

「同意」と「受け取る」の違いは、文章にしてみるとよくわかります。

・同意する＝「私も、あなたと同じように○○だと考えます」

・受け取る＝「私は、あなたが○○だと考えている、という事実を受け取ります」

このように、両者はまったく別のこと。「同意」は、相手と同じように考えることであり、「受け取る」とは、相手の考えをひとつの事実として受け取ることなのです。

そして、私たちが「話を聞いてもらえた」と感じるのは、自分の体験を否定されず、批判されず、ただ受け取ってもらえた時であって、同意された時ではありません。

その証拠に、「わかる〜！」と同意された人の表情を見てみてください。ほとんどの場合、うれしそうではありません。なぜなら、「わかる」と言っている人がわかっているのは、自分の体験だからです。

たとえば、失恋で苦しむ友人に「わかる」と言う時、その人が思い出しているのはあくまで自分が失恋した時の苦しみです。「わかる〜！」という言葉の奥には、私も失恋した時、こんな風につらかったから、あなたも同じようにつらいんでしょ？という意味が見え隠れします。だから、相手の体験は自分の体験と同じだと決めつけているように聞こえてしまうのです。結果として言われた相手は、「あなたの体験と私の体験は違う。あなたは全然わかってない」と感じてしまうでしょう。

映画を観ている時に、登場人物があなたと異なる価値観を持っていたとしても、別に説得しようとは思いませんね。「そんな考え方をするんだなあ」と、ただ事実を受け取るはずです。このような受け取り方が日常会話でできるようになると、自分と違う意見はむしろ、物事を見る新たな視点、という価値に変わります。

本音を聞く時は無理をしないこと。相手の意見を否定せず、評価せず、同意もしない。相手がそう考えているという事実をただ受け取りながら、感情とニーズを想像し、たずねていく。

本音を語り合える信頼関係は、そんな会話によって育まれていくのです。

スキル

3

自分の本音を伝える

本音を伝える4ステップ

自分の本音に気づき、相手の本音も聞けるようになったら、今度はいよいよそれを伝え合う「本音のコミュニケーション」です。

自分を取り繕って人とつき合うのは疲れるものですね。そんな自分を好きになってもらってもうれしくないし、かえって孤独感は深まるでしょう。相手だって、あなたが心を開いて本音でつき合ってくれることを望んでいるはず。

スキル3では、気づいた本音を、まわりの人に伝える方法を学んでいきます。

といっても、そんなに難しい話ではありません。自分の本音にたどり着いたスキル1の道のりをそのまま話していけばいいのです。

本音を伝えるには、この4つを順番に話していきます。

①観察

②感情

③ニーズ
④リクエスト

感情とニーズに関しては、これまで多くのページを使ってお伝えしてきました。ここからは観察とリクエストを中心に、全体像をつかむことから始めましょう。

1 観察

最初に言葉にするのは「事実」です。感情は、五感への刺激がニーズを満たしたり、満たさなかったりすることで生まれるのでしたね。ところが私たちは、その五感への刺激を自分なりに解釈して受け取っています。ここでは、その解釈を加える前の事実を観察によって見つけたいのです。

たとえば、夜中の11時に母親から電話がかかってきたとします。「こんな時間に電話なんて、まさか父に何か……」と思って電話に出ると、
「○○叔父さんが家族の集まりに来ないって言ってるのよ。困っちゃうわ～」

と愚痴が始まりました。

こんな遅い時間に電話をかけてきて、どうでもいい話をしないでよ！　そう思いながらも、あなたはしばらく母親の話を聞きます。でも、次第に心がざわざわして、落ち着かなくなってきました。


さて、この体験には、すでに解釈が加えられています。ここで起こっている事実はなんでしょうか。あなたが見たことや聞いたことそのものです。

この場合なら、
・夜中の11時に母が私に電話をかけてきた。
・母は、叔父が家族の集まりにやってこないことについて話した。
・私は、しばらくその話を聞いていた。
これが事実になります。

そして、「愚痴」や「どうでもいい話」は解釈。母親は、ただ話をしただけだからです。その話をどう受け取るかは解釈次第。母親にとっては、大切な相談なのかもしれません。

また、「こんな遅い時間」も解釈です。夜勤の人にしてみたら、朝早い時間かもしれませんね。事実はあくまで「夜11時であること」。それを早いと思うか遅いと思うかは、その人の解釈なのです。

感情は、これらの事実がニーズを満たしたり満たさなかったりすることで生み出されます。あなたが休息や配慮などを大切にするからこそ、ざわざわして落ち着かないと感じたのです。

もしあなたが違うニーズを大切にするなら、同じ一本の電話がまったく異なる体験になっていたでしょう。たとえば、つながりや共感を大切にするなら、こんな体験になったかもしれません。

「夜遅くに母親から電話がかかってきた。そして、叔父が家族の集まりにやってこないことについて話してくれた。明日は朝早くから仕事だけど、夜遅くだからこそ心を開いて話せた」

こうなれば、母親とのつながりが深まるいい時間を過ごせて、あたたかい気持ちで眠りにつけたかもしれません。この場合も、起こった事実は同じです。違うのはニーズ。ニーズが違えば、同じ事実もまったく異なる体験になるのです。

どちらが良い・悪いと言いたいのではありません。このように、体験はニーズによって異なるのだということをお伝えしたいのです。

では、異なる体験を抱える私たちはわかり合えないのでしょうか。そんなことはありません。体験は人それぞれであっても、起こった事実は同じだからです。だからこそ、まずは状況をよく観察し、事実だけを伝えましょう。

先ほどの例で母親に伝えるとしたら、こんな具合でしょうか。

「お母さん。話の途中にごめんね。今、夜中の11時だね。そしてお母さんは、叔父さんが家族の集まりにやってこないことについて話している。その話を聞いているとね」

このように純粋に起こった事実だけを伝えられた時、お母さんは心の中で、すべての言葉に対して、「YES（うん）」と言いながら聞くことができます。

「お母さん」（うん）

「話の途中にごめんね」（うん）
「今、夜中の11時だね」（うん）
「そしてお母さんは、叔父さんが家族の集まりにやってこないことについて話している」（うん）
「その話を聞いているとね」（うん）

このように、**事実は客観的なものだからこそ、相手は「YES（うん）」と言えます。そして、この「YES」を引き出すことが、本音を伝える重要な第一歩。**事実を共有することで、相手と同じステージに立ったコミュニケーションを始められるからです。

ただ、私たちは事実と解釈をごちゃ混ぜにし、自分の体験したことがまるで事実であるかのように話しがち。たとえば、こんな具合です。

「ちょっと、こんな時間に何かと思ったら、どうでもいい〇〇叔父さんの話なの？」

このように話を切り出せば、相手は「NO」をぶつけてくるでしょう。

「こんな時間っていうけど、あなたいつも友だちとは夜遅くまで話していたじゃない！」
「どうでもよくないわよ。〇〇叔父さんったら、本当にいつも勝手なことを言ってお母さんを困らせるの、あなたも知っているでしょ!?」

解釈が混ざった自分の体験を言葉にすると、このような反発を招くことになります。相手には相手の体験があるからです。だから、本音を伝える時に最初に言葉にするのは事実だけ。起こった出来事をよく観察して、そこにある事実を伝えるようにしましょう。

2―感情

観察の次は「感情」です。事実が共有できると、相手は「どうやら攻撃されるわけではなさそうだ」と安心し、あなたの話を聞ける態勢になります。そこで、あなたの感情を伝えるのです。

母親との電話で感じたのは、「ざわざわ」という感覚と「落ち着かない」という感情でしたね。それをそのまま伝えましょう。

①観察「お母さん。話の途中にごめんね。今、夜中の11時だね。そしてお母さんは、叔父さんが家族の集まりにやってこないことについて話している。その話を聞いているとね」

②感情「私、なんか、ざわざわして落ち着かなくなってきたんだ」

3　ニーズ

続いて「ニーズ」です。その感情が生まれたのは、なんのニーズが満たされたから、あるいは満たされなかったからでしょうか。

あなたは夜中に電話がかかってきたので、父親に何かあったのかと心配したのでした。ところが電話に出てみると、それはあなたにとっては夜中に話すほどの緊急な内容ではなかった。でも、母親は話し続けている。明日は朝早くから仕事なので寝たい。それなのに、母親の話は終わらない。

この状況で「落ち着かない」という不快な感情を覚えたのは、こんなニーズが満たされなかったからではないでしょうか。

「家族」：大切な家族には元気でいてほしい（でも、何かあったのかと心配になった）。

「気遣い」：夜中の電話は負担になると気遣ってほしい（でも、母親は話し続けている）。

「睡眠」：睡眠をじゅうぶんにとって休息したい（でも、話が続くので電話を切れない）。

「思いやり」：話を聞いてほしい母親の気持ちに寄り添いたい（でも、明日は仕事が早いので今はその余裕がない）。


これらのニーズが満たされないから、あなたは落ち着かないのです。そこで、今度は自分のニーズを伝えてみましょう。

①観察「お母さん。話の途中にごめんね。今、夜中の11時だね。そしてお母さんは、叔父さんが家族の集まりにやってこないことについて話している。その話を聞いているとね」
②感情「私、なんか、ざわざわして落ち着かなくなってきたんだ」
③ニーズ「なぜかというとね、夜中の電話だから、お父さんに何かあったのかも、ってすごく心配になったんだよ。そしたら、叔父さんが集まりに来ないっていう話だったから、ほっとしたし、話を聞いてあげたいと思った。ただ、明日は朝早くから仕事があるし、こ

のままだと十分な睡眠がとれなくなるかもって心配になってきたんだ」

文字にすると長くて複雑に見えるかもしれませんが、①②③で言っていることはとてもシンプルです。「**①があって、②と感じた。なぜなら③が大切だから**」という構造にすぎません。

4―リクエスト

これに最後の「リクエスト」が加わります。これは、「だからこうしてほしい」というお願いのこと。自分のニーズを満たすために、相手にどうしてほしいのかを伝えます。

日本人であれば、「言わなくても察してよ」と期待したくなるところでしょう。また、直接的にお願いすることは謙虚さに欠けたふるまいに思えるかもしれません。でも、ニーズを満たす方法はたくさんあるからこそ、伝えなければ誤解を生む原因になってしまうのです。

たとえば、「やさしくしてほしい」と思った時、あなたは、何をしてもらえたらやさしさを感じますか？　家事を手伝ってもらう、話を聞いてもらう、重い荷物を持ってもらう、抱きしめてもらうなど、やさしさを感じる行動は人によって異なります。「もっとやさしくしてよ」という言葉だけで察してほしいと願っても、それはちょっと難しい相談なのです。

以前、友人の口元に何かついていたので指摘したところ、「言わないでくれれば気づかずに済んだのに！」と言われて驚いたことがあります。私にとっては、そういう時に指摘してもらえることが、やさしさだったからです。でも、彼女にとっては指摘しないことが、やさしさでした。このように同じ「やさしさ」というニーズでも、満たす方法が異なるどころか、真逆になってしまうことさえあるのです。

さてここで再び母親との電話に戻ります。

①観察「お母さん。話の途中にごめんね。今、夜中の11時だね。そしてお母さんは、叔父さんが家族の集まりにやってこないことについて話している。その話を聞いているとね」
②感情「私、なんか、ざわざわして落ち着かなくなってきたんだ」
③ニーズ「なぜかというとね、夜中の電話だから、お父さんに何かあったのかも、ってすごく心配になったんだよ。そしたら、叔父さんが集まりに来ないっていう話だったから、

ほっとしたし、話を聞いてあげたいと思った。ただ、明日は朝早くから仕事があるし、このままだとじゅうぶんな睡眠がとれなくなるかもって心配になってきたんだ」

リクエストは、自分のニーズを満たすために相手にしてほしいことを具体的に伝えることですから、人それぞれの表現になります。

④リクエスト－1「それでね、今は寝たいから、よかったら明日の夜7時頃に私から電話をかけてもいい？」（満たそうとしているニーズ：睡眠・思いやり）

④リクエスト－2「（あなたに兄弟姉妹がいる場合）お母さん。今はとても疲れていてね、ちゃんとお母さんの話を聞けそうにないんだ。今週いっぱいは仕事が詰まっていてゆとりがないから、○○（兄弟姉妹の名前）に話してみるっていうのはどう？」（満たそうとしているニーズ：睡眠・思いやり）

④リクエスト－3「今の話、お母さんにはどう伝わった？　よかったら、お母さんがどんなふうに話を受け取ったのか、教えてもらえないかな？　お母さんには、私の気持ちをわかってほしいんだ」（満たそうとしているニーズ：理解・つながり・共感）

④リクエスト－4「（お母さんがメールをよく使う場合）お母さんの状況は私も理解していたいから、時間がある時にメールで伝えてもらうっていうのはどうかな？」（満たそうとしているニーズ：睡眠・思いやり・理解・つながり）

このように、どうしてほしいのかを明確に伝えると、言われた相手は、あなたが何をしてほしいのかがわかります。**もちろんあなたのニーズが100％満たされるとは限りませんが、その確率は高まるでしょうし、少なくとも悲しいすれ違いはなくなるはずです。**

このように4つのステップで自分の本音を伝えると、相手が受け取りやすくなります。

「**①があって、②と感じた。なぜなら③が大切だから。そこでよかったら④してもらえないかな？**」――これが、本音で話すためのゴールデン・ルールです。

本音が伝わる「ＯＦＮＲ」

このスキルをマスターできたら、ビジネスでよくあるこんなシチュエーションも、相手とのつながりを失うことなく乗り切れるでしょう。

木曜の夜までに部下から提出されているはずのレポートが、金曜の朝になった今もあなたの手元に届いていません。あなたは、がっかりした気持ちになりました。どうしてこんな気持ちになるのだろうとその感情を味わっていると……自分は部下を「信頼」して仕事をやっていきたい、と思っていることに気がつきました。

ニーズがわかったら、あとは先ほどの順番で伝えていきましょう。

①観察「(議事録を見ながら)月曜の会議で、レポートを木曜の夜までに提出することが決まっていたと記憶しているんだけど、まだ僕の手元にレポートが届いていないんだ」

②感情「正直言って、僕はがっかりしている」

③ニーズ「○○君とは、信頼し合って仕事をやっていきたいと思っているから」

④リクエスト「何があったのか、聞かせてもらえないだろうか」

いかがでしょうか。上司と部下の関係で、ここまで丁寧に言う必要はないと思われるかもしれません。確かに、「おい。レポートはどうなっているんだ? 木曜の夜までに出すって言っただろう。今すぐ出しなさい」と命令すれば、シンプルに片づくように思えます。

しかし、命令というコミュニケーションは、効率的に見えて犠牲も大きいもの。上司は部下に「約束を守らないダメなやつ」という烙印《らくいん》を押し、その後、何をするにしても「こいつは締め切りまでにやらないだろう」という目で部下を見るかもしれません。部下は部下で、「この上司は、聞く耳を持たない人なんだ。相手を理解しようとしない人に何を話しても無駄だ」と考え、心を閉じてしまうかもしれません。そんなことになれば、かえって非効率ですね。


丁寧に話しましょうと言われると、「時間がかかる」＝「コミュニケーションコストがかかりすぎる」と思われるかもしれませんが、急がば回れです。仕事は早く片づいても、誤解が生まれ、溝が深まり、信頼がなくなって、チームワークが壊れてしまう。ニーズや感情を省いたコミュニケーションは、そんな冷めた人間関係につながりかねません。組織の風通しを悪くし、結果として利益を損ねるような事態さえ招きかねないのです。

それではここでもう一度、本音を伝えるための４つのステップを再確認しておきましょう。

①**観察**（Observation）
②**感情**（Feeling）
③**ニーズ**（Needs）
④**リクエスト**（Request）

それぞれ、英語の頭文字を取ってO、F、N、R。このシンプルな4つが、本音に気づき、伝え、分かち合うためのコミュニケーションの鍵なのです。

ここからは、この「**OFNR**」を使いこなすための実践的な練習をしていきましょう。

観察はカメラチェックで——写真には何が写っている？

127頁の写真を見てください。どんな場面を写した写真だと思いますか？

「いいデザインが仕上がってきたので、会議の途中だけどみんなで見ている写真」

私はそんなふうに解釈しました。

でも人によっては、「アイデアが出やすいように、立ち上がってブレインストーミングをしている写真」とか、「4人でミーティングしていたら、上司の女性がやってきて、もっといいやり方があると説明している写真」と解釈するかもしれません。

私たちはこのように、目に飛び込んできた情報を、自分なりに解釈して受け取ります。もとの素材は同じでも、言葉だけを聞いたら違う写真が想像できそうなくらい、解釈は人それぞれです。

では、こうたずねられたらどうでしょう。

「この写真には何が写っていますか？」

「会議をしている男女5人」――このように答えるかもしれません。一見事実のようですが、これは事実ではありません。確かに男女5人は写っていますが、「会議」はそこに写っていないからです。こう答えた人は、部屋の様子や映り込んだ男女の様子から会議と解釈しています。

「机の上の資料を見ながら話している」

この回答も同じです。机の上にあるものがはっきりと写っていない以上、それが「資

kou / PIXTA（ピクスタ）

料」かどうかはわからないし、「話している」かどうかもこの写真からはわかりません。

つまり、この写真からわかる事実は、

・机のまわりにスーツを着た男女が合計5人立っている。
・机の上の何かを全員で見ている。
・男性はふたりとも両掌を机に置いている。

など、写っているものだけなのです。

このように、事実は「写真や映像にすると何が写るかな？」とカメラでチェックをするように考えることで見えてきます。これこそが、観察力アップのコツ。観察の対象は、あなたの五感が受信した、解釈を加える前の情報なのです。

あなたという人間は、出会った人の数だけ存在する

五感に入力された情報は、すべてその人の価値観に基づいて解釈されます。先ほどの写真のように静止するモノだけではありません。文字通り「すべて」が解釈されるのです。

出来事だって、もちろんそう。誰かが遅刻したとき、「人としてあり得ない行為だ」と解釈する人もいれば、なんとも思わない人もいます。ブラジルのある大学では、卒業式に学長が遅れて来たのに、学生はまったく気にしなかったそうです。しかも遅刻の理由が二日酔いだったというのに！

その話を聞いた時、私は「いやいや、ありえないでしょ！」と思いました。でも、それは私が「学長という立場にある人が時間に遅れてはならない。まして、二日酔いで遅れるなど言語道断だ」という価値観を持っているからです。

でも、ブラジルの学生たちは怒らなかった。彼らは違う価値観でその事実を解釈したのでしょう。彼らにとってみれば、学長の遅刻はよくあることだったのかもしれないし、遅刻は悪いことではないと思っているのかもしれません。

どう解釈するにせよ、起こった事実は「学長が卒業式の始まる時間に来なかった」ということ。その出来事そのものは、良いわけでも、悪いわけでもありません。私とブラジルの学生のように、自分の価値観で解釈する時、その人にとって「ありえない行為」や「よくあること」になるだけです。

人間に対する解釈もそう。たとえば田中

さんという人を、「明るくて楽しい人」と思う人もいれば、「うるさい人」だと思う人もいるでしょう。では、実際の田中さんはどんな人なのか。田中さんは、ただ田中さんなだけです。ある人にとっては「自分を明るく楽しい気持ちにする話をした」のであり、またある人にとっては「自分が望むよりも多くの言葉を話す」という行為をおこなったにすぎません。つまり、実在する田中さんはひとりでも、田中さんを見る人の数だけ、田中さんの解釈は存在し得るのです。

だから、**あなたという人間がどんな人なのかは、あなたの言動を解釈するまわりの人が決めています。あなたのことを見る人が100人いれば、100通りのあなた（という解釈）が存在するのです。**

観察名人になると、苦手な人がいなくなる？

そして、あなた自身もそんな「あなたを見る人」のひとり。

ある朝、なかなかベッドから起きられなかったとします。起きようと思っていた時間に目を覚まさなかったのです。

この事実から、あなたは自分のことを「意志の弱い怠け者だ」と思うかもしれません。一方で「疲れているから必要な休息だった」と解釈すれば、あなたは「疲れている自分をいたわれる人」になります。

しかし、繰り返すようですが、起こった事実は「起きようと思っていた時間に目を覚まさなかった」ということ。それ自体は良いことでも悪いことでもないのです。

あなたは自分のことを、どんな人間だと思っていますか？　良い人？　明るい人？　有能な人？　のんびりした人？　それらはすべて、「あなた」による「あなたの解釈」。あなたが抱いている自分という人間像を形作るのは、結局のところあなた自身なのです。

自分も、相手も、出来事も、すべての事実に意味をつけて受け取っているのは、自分なのです。

このことが腑に落ちると、感情に振り回されることが減っていきます。事実と解釈をわけて観察することが日常になるからです。苦手な人が現れても、「ああ、この人のこういう言動を、私はこう解釈しているな」と、落ち着いて自分自身を観ることができるようになります。その結果、「苦手な人」がいるのではなく、その人の言動を「苦手だと思う自分の解釈」があるのだと気づけるようになり、相手を決めつけることがなくなっていくのです。

ただ、ここでつけ加えておきたいことがひとつあります。解釈は悪いことだからやめましょう、と言っているわけではないということです。「車が猛スピードで横断歩道に向かってくる」という事実を「危ない」と解釈できなければ、命は危険にさらされます。解釈する能力を持っているからこそ、私たちは生きていけるのです。

あくまで重要なのは、事実と解釈は違うものなのだと認識すること。

日本の高校生にたずねると、「私は価値のある人間だと思う」という問いに「全くそうだ」と答えた割合は7・5%だったそうです。かたやアメリカは57・2%。

この数値を見た時、大人である私たちも同じくらいなんじゃないかな、と私は思いました。子どもたちは、まわりのおとなの価値観を無意識のうちに自分のものとして取り入れます。「自分には価値がある」と大人である私たちが今以上に思えるようになった時、この数値は変わっていくのではないでしょうか。

これって観察？　それとも解釈？

それではここで、観察の練習をしてみましょう。いくつかの発言を挙げますので、それが観察に基づくものか、それとも解釈なのかを考えてみてください。

観察クイズ―1

「彼は嘘つきだ」

さあ、この発言は観察と言えるでしょうか？

これは簡単ですね。「嘘つき」は解釈。誰かのことを「嘘つき」だと言う場合、あなたはその人の言動を見て「嘘をつく人だ」と解釈しています。

観察クイズ―2

「彼女はいつだって大切なことを後回しにする」

これはどうでしょう？

これもやっぱり解釈です。何かの事実を見聞きした結果、「彼女はいつもそうだ」と判断しています。

起こった事実は、「彼女が〝プレゼンの前日から準備を始めた〟と言うのを3回聞いた」ことかもしれないし、「依頼した仕事に対して昨日と今日、彼女は〝あとでやります〟と言った」ことかもしれません。

また、「大切なこと」も解釈ですね。あなたにとって大切なことが、相手にとっても大切かどうかはわからないからです。

さらに、「後回しにする」も解釈です。「3か月前に薦めた小説を、彼女が〝まだ読んでいない〟と言った」のを聞いて、「私にとって大切な本」＝「大切なこと」を後回しにする人だと解釈したのかもしれません。でも、彼女がまだ読んでいないからといって、それを「後回し」にしていると決めることはできないのです。

観察クイズ―3

今度は、応用問題。起こった出来事を観察して、事実を見つけてみましょう。

自社の製品を使うお客様から、サービスセンターに電話がかかってきました。

「御社の製品が、買ってから1年と3日で壊れた。保証期間は3日過ぎているけど、製品が悪いんだから無料で修理してほしい」

電話を受けたAさんは、「使い方が悪かったんじゃないの？　どうせ落として壊したんでしょ？　クレームだよ、これ。ああ、めんどくさい」と思いながら謝罪しました。

翌日、再びそのお客様から電話があり、同じ話をされました。今度電話を受けたのはBさんです。Bさんは、この話を聞いてこう思いました。

「1年間、毎日のように使ってくれたから壊れたのかな。保証期間を過ぎているのにわざわざ電話をかけてきたってことは、うちのサービスに期待してくれているのかもしれない。ファンになってもらうチャンスだ！　よーし、話を聞いて、上司にかけ合ってみよう」

さて、そんなAさんとBさんが後日、給湯室でばったり会った時、このお客様からの電話についての話になりました。

A「あのお客、自分で壊しといて無料で直せっていうんだよ。ありえないクレームだよね。虫が良すぎるよなあ」
B「うちの会社の大ファンのお客様で、製品をよく使い込んでくれたから壊れてしまったんだ。ありがたいよね。保証期間を3日過ぎただけなんだから、無償で修理してあげたいと思ったんだ」
A・B「えっ……」

同じお客様から電話がかかってきた。起こった事実はまったく一緒なのに、解釈でこれほどまでに体験は異なったものになります。そして、ここで重要なのは、別にどちらかが「間違っている」わけではないということです。

ただ、もしAさんとBさんが、自分の解釈ではなく、事実だけを相手に伝えていたとしたら、どうなっていたでしょうか？　答えは、すごくシンプルです。

「うちの製品を買って、1年と3日で壊れたお客様から、無償で修理してほしいという電話があったよね」

これが事実ですし、これならふたりとも「うん」と言えます。

このように、観察から会話を始め、同じ事実を共有した状態で会話をスタートさせることが本音の会話においては重要です。

「感情もどき」にご用心！

観察に続いて、感情を言葉にする時にも気をつけたいことがあります。それは、感情を言っているつもりで、それが判断や評価にならないようにすることです。

私のセミナーを受けてくれたある受講生が、こんな話をしてくれました。

「お客様のところへ大切な書類を持って出かけたはずが、着いてみたら書類がなかったんです！」

そこで私は、「それで焦ったのかしら？」と気持ちをたずねてみました。すると彼は、「あるまじきことだと思いました」と一言。しかし、「あるまじきことだ」というのは感情ではなく、「大切な書類を忘れるなどというミスは、あってはならない」という判断です。そのことを説明し、再びどう思ったのかと感情をたずねると、今度は、「だから自分はダメなんです」という返事。これは自分自身を評価している表現ですね。

「あるまじきことをやってしまった自分はダメな人間だ」と評価したことで、「落ち込んだ」のか、「がっかりした」のか、「ショックを受けた」のか、「絶望した」のか。それが感情です。

自分の感情をうまく表現できない人は、とっても多いと感じています。私自身、いったい何が感情なのかわからず、混乱していた時期が長くありました。感情を言おうとするほど、判断や評価になってしまうのです。

両者の違いをより理解できるよう、もう少し例を挙げて説明していきましょう。

「目を見て話してくれないと、嫌われている気がする」

これも感情ではなく判断になります。相手が自分の目を見て話をしない様子を見て、嫌われていると判断したのです。では、そのことにより、どんな気持ちになったのでしょう。さみしい？　残念？　不安？　それとも悲しかったのでしょうか？

「私は仕事ができない、と感じる」

これは評価ですね。私は仕事ができない、と自分を評価することで、あなたはどんな気持ちになっているのでしょう。悔しいのか、もどかしいのか、腹立たしいのか、それとも無力感を覚えているのか。

私たちは、判断や評価など、頭で考えたことを感情だと思いがちです。「○○だと思う」「○○だと感じる」のように、語尾に「思う」「感じる」がついていると、感情について語っている気がしてしまうのです。

でもこれは、感情っぽい「感情もどき」にすぎません。そもそもなぜ、感情でなければならないのか。自分や相手を評価・判断する表現は受け取りにくいからです。「目を見て話してくれないと、嫌われている気がする」と言われると、「私は嫌いなわけじゃないよ」と反論したくなるでしょう。自分は違う体験をしていることをわかってほしいからです。

でも、「目を見て話してくれないと、さみしくなる」と言われると、どうでしょう。その人がそう感じると言っていることを、「そんなふうに感じるはずはない」と反論することはできませんね。

感情もどきが出てきたら、それによって自分がどんな気持ちになっているのか、もう一段階掘り下げてみてください。

自分が感情だと思ったことが、感情なのか「もどき」なのかを見分けるために、はじめのうちは巻末の「感情リスト」を見ながら感情を探してみることをおすすめします。そこに書かれていることが感情のすべてではありませんが、リストを眺めるだけで違いがわかるようになっていくでしょう。

相手が怒っているのは、あなたのせいじゃない

ただし、自分の感情を言葉にしても、相手を責めているように聞こえてしまう言い方があります。自分がこんな気持ちになったのは、あなたのせいだ、という言い方です。

「あなたが○○すると（しないと）＋感情」

「部下がミスをすると、腹が立つよ」
「君がぼくを信頼してくれないと、がっかりする」

「あなたが○○だから（じゃないから）＋感情」

「上司が決断してくれないから、焦ってしまう」
「あなたが意見をころころ変えるから、不安になる」

どれも耳なじみのある一般的な言い方ですが、これらの表現はすべて、自分がこんな気持ちになるのは相手のせいだと伝えるもの。自分の感情の責任は、相手にあると言っているのです。

でも、相手の行動が感情のきっかけにこそなれ、それを生み出すのはあくまで自分のニーズであることを、これまで繰り返しお伝えしてきました。**怒るのも悲しいのも、うれしいのも楽しいのも、どんな感情も生み出しているのは自分自身なのです。**

これは逆の場合にも言えること。あなたの行動が相手の感情を生み出すきっかけになったとしても、その感情を生み出したのはあくまでも相手です。ということは、相手が怒ったり悲しんだりしていても、その直接の原因は、あなたではないということになります。

「あなたがミスをしたから、上司が怒った」のではなく、「あなたのミスがきっかけとなって、上司は自分のニーズが満たされないから怒った」のです。

少し混乱させてしまったかもしれませんね。でも、あなたがミスをしたからといって、上司が必ず怒るかどうかはわかりません。笑い飛ばす上司もいれば、「失敗はチャレンジした人だけが手にできる成果だ」と喜んでくれる上司だっているかもしれません。感情を決めるのは、あくまで本人のニーズなのです。

ところが私たちは、感情を誰かのせいにすることにあまりに慣れています。そうして相手に罪悪感を与えたり、自分自身が罪悪感を抱え込んだりすることは、毎日のコミュニケーションの中で繰り返しおこなわれているのです。

でも、誰かのせいにしても問題は解決しないし、痛みがなくなることもありません。それればかりか、相手や自分を嫌ったり憎んだりするという、新たな苦しみまで生み出してしまうと私は思うのです。

感情を作り出すのは、あくまでも本人のニーズ。

このことが腑に落ちると、自分が苦しいからといって、それを誰かのせいにしようとは思わなくなります。苦しいのは、自分のどのニーズが満たされないからなのか、もっと自分自身を深く理解しようと思い始めるからです。相手が苦しんでいる時も同じ。相手の感情を、自分の言動のせいだと自らを責めることがなくなります。かわりに、相手は何のニーズが満たされなくて苦しんでいるのか、相手に寄り添うことができるようになるのです。

相手が苦しんでいるのに自分のせいではない、だなんて、冷たい考え方だと思うかもしれません。もちろん、誰だって相手を苦しませたくはありませんし、苦しむ様子を見れば、胸が痛むでしょう。でも、苦しいかどうかを決めているのは、やっぱり相手自身。あなたが相手の感情を決めることはできないのです。

だから、「あなたのせいで、こんな気持ちになった」という言い方は、真実ではありません。同様に、相手の感情を自分のせいだと言うことも真実ではないと思うのです。

すべてを「私」で考えてみる

それでは、先ほどの相手を責めているように聞こえてしまう言い方は、どのように伝えればいいのでしょう。

基本の型は、「**私は○○を見ると**（**聞くと**）、**○○と感じる。なぜなら、○○を大切にしているから**」となります。ここではまず、相手のせいにしないで自分の感情を伝える練習として、観察した事実と感情を伝える部分だけを見ていきましょう。

「部下がミスをすると、腹が立つよ」

←

「部下がミスをするのを見ると、私は腹が立つんだ」

「君がぼくを信頼してくれないと、がっかりする」

←

「君がぼくを信頼できないと言うのを聞いて、ぼくはがっかりした気持ちになったよ」

※「君がぼくを信頼してくれない」は解釈なので、それを生み出した事実を伝える。

「上司が決断してくれないから、焦ってしまう」

←
「上司が決断しない姿を見た時、私は焦りを感じる」
「あなたが意見をころころ変えるから、不安になる」
←
「あなたが昨日とは違う意見を言うのを聞くと、私は不安になる」

自分がこんな気持ちになったのはあなたのせいだ、と伝える前者のような言い方をすると、相手は「どうしてそんなことを言うんだ」と攻撃的になったり、「私が悪いんだ」と罪悪感を覚えたりするでしょう。一方で、自分の感情に責任を持つ後者の言い方ができれば、相手はあなたの発言をニュートラルに受け取りやすくなるはずです。

「私は」「私が」を常に意識することで、感情は自分が作り出したことを明らかにすると同時に、自分のニーズと向き合う習慣も作られていきます。

「べき」に従って生きる弊害

どうしてこの感情は生まれたのだろう？

このように感情からニーズを想像する時、「べき」という考えが顔を出すことがあります。

「うるさくて腹が立つ」↓公共の場所では静かにするべきだから。

「忙しい時に休みを取りたいと言われてあきれた」↓仕事を優先するべきだから。

「イライラして話をされると不快になる」↓上司たるもの落ち着いて話すべきだから。

このような「べき」は、あなたが大切にしている価値観のひとつだと思いますが、ニーズとは少し異なります。なぜなら、「〇〇すべきだから、私はこう感じている」ということがわかっても、ニーズにたどり着いた時に得られる心の平穏はやってこないからです。

むしろ、新たな怒りにつながることさえあるでしょう。自分が決まりごとに従っているのに、従わない人がいることを許せないからです。

「べき」は、私たちの生活にあまりにたくさん、当たり前の顔をして存在しています。多くの人が「決まっているんだから、仕方がない」「それ以外に選択肢はない」と無意識のうちに思い込みながら生きているのです。

でも、その「べき」は、誰が決めたものでしょうか？　多くの場合、**「べき」は、誰が考えたのかわからない「持ち主不在の考え」**として宙に存在しています。

そして、この「べき」という考えは、管理する側にとっては都合のいいものです。

「空気を読むべきだ」「仕事を優先するべきだ」「上司には従うべきだ」

こんな「べき」にみんなが従ってくれたら、管理する手間が省けます。でも、その代償として、人びとの自主性は失われるでしょう。自分で考えようとしなくなるからです。

「言われた通りにやっていればいい」という指示待ち人間が育ちやすくなるのは、「べき」による管理の特徴だといえます。「べき」で人が動くのは、「そうしたいから」ではありません。そうしなければ「許されないから」であり、「罰を受けるから」なのです。

果たしてそれは、人間らしい生き方なのでしょうか？

クリエイティブの源泉はニーズにあり

「べき」と違い、「ニーズ」は創造性を生み出します。「自分が」ほしいものがはっきりとわかれば、「自分で」手に入る方法を考えようとするからです。なんとかニーズを満たそうと知恵を働かせて、いろんなアイデアも生まれるでしょう。今、社会で求められているのは、そんな創造的人材だと思うのです。

「べき」に従っている人は、うまくいかなかった時に悪いのは自分ではなく、「べき」を作った人だ、と考えます（といってもこの思考のプロセスは無意識ですが）。しかし、先ほども言ったように、「べき」を作り出した責任者は曖昧です。「べき」に従わない人を罰する役割の人はいるかもしれませんが、その人たちを責めたところで、「私が決めたわけじゃない」と言うでしょう。

そうなると、満たされない不安や不満を、会社や社会、時代や世の中など、漠然とした何かのせいにしたくなります。だからといって、その何かは不満を解決してくれるわけではないので、不満は積もりゆくばかり……。

「べき」に従う生き方は、自分の人生の主導権を手放すことに等しい。ある意味それは「ラク」ですが、「クルシイ」の始まりでもあるのです。

そうは言っても、「べき」を手放してしまうと、公共の場所で騒いだり、自分の都合で会社を休んだりするなど、世の中が無秩序な世界になりはしないかと不安を感じるかもしれません。「べき」は自分でも気がつかないうちに大切なよりどころになっているからです。少し厳しい言葉になってしまいますが、「べき」を手放すことは、これまでの人生の舵取りを自分以外の何かに任せてきたという事実や、それにまつわる後悔、痛みを受け入れることに他なりません。それはあまりに苦しいので、「自分のこれまでの人生は自分が選んできた」「価値あるものだった」と多くの人は思いたい。だから「べき」を手放せないのです。

それは悪いことだからやめなさい、と言うつもりはありません。それもまたひとつの必要な生き方だと思うからです。でも、**もしあなたが「べき」を手放して、自分で自分の人生を選択していきたいと思うのなら、人生の舵を「べき」から「ニーズ」へとシフトしてみませんか？**

ニーズに向き合うことに慣れてくると、自分が人生のすべての瞬間を選択しているという実感を持てるようになります。同じ行動をしていても、行動の質が変わってくるのです。時間通りに会社へ行くという行動を、「べき」と思いながら仕方なくやるのと、「秩序」や「チーム」、「調和」、「信頼」といったニーズが大切だからそうしよう！　と思ってやるのとでは、自分の人生への主体性や幸福度が圧倒的に違ってきます。

自分のニーズと向き合うことはすなわち、本音で生きていくための第一歩なのです。

行動の質を高める意識の転換

それでは、どのように「べき」を手放して、「ニーズ」を満たす生き方へシフトしていけばいいのでしょうか。

まずは、「べき」に従っていると気づくこと。「べき」は、褒められたり、感謝されなくて不満を感じる時に見つかりやすいものです。

たとえば、先輩とふたりで会議室へ入り、テーブルが汚れていることに気づいたとします。これは拭いたほうがいいな、とあなたは感じました。この時もし「きれいなほうが自分もみんなも気持ちいいから拭こう！」と思って拭けば、テーブルがきれいになった時点で満足するでしょう。でも、「自分がいちばん若手だから拭くべきだよな」と思っていると、テーブルがきれいになっただけでは満足しません。その上、先輩が何も言ってくれなければ、「ひと言くらい、ありがとうとか気が利くなとか、言ってくれてもいいんじゃないの？」と文句を言いたくなるかもしれません。「べき」に気づきやすいのは、まさにそんなタイミングです。

上司なんだから、部下よりも会社に貢献するべき。
営業なんだから、お客様を最優先にするべき。
先生なんだから、忙しくても生徒の相談に乗るべき。
母親なんだから、料理をするべき。

自分が、これらのような「べき」に従って行動していると気づいたら、「強く望んでいる」と言い換えてみてください。

・上司なんだから、部下よりも会社に貢献するべき。
↓上司として、部下よりも会社に貢献できることを強く望んでいる。

このように頭の中で変換すると、**「べき」に従ってやらされているという意識から、自分が望んでやっているという意識に変わります。それだけで、行動の質とパフォーマンスは変わっていくでしょう。**

言い換えて違和感が残る場合には、「べき」をすることで満たされているニーズが他にあるということ。部下よりも会社に貢献しようとすることで満たされているのは、責任？ 能力？ 尊敬？ 信頼？ それとも自己表現でしょうか？

上司だから社会的にこうふるまう「べき」だと思って働いていると、「どうして俺ばっかりこんなに仕事しなきゃいけないんだ？」とストレスが溜まっていきますが、そうすることで満たそうとしているニーズに気づくと、自分がそうしたいから、そうする、と自分が選んでいるという感覚が生まれます。

たとえば、部下よりも会社に「貢献」するべきだと思うのは、「責任」が大切だからだ、と気がついたとします。すると、自分が責任を大切にしているから、自分が部下以上に会社に貢献したいんだ、と働き方を選んでいるのはあくまでも自分だと考えられるようになるわけです。

あるいは、「部下よりも会社に貢献するべきだと思っていたけど、それは、責任というニーズを満たすひとつの手段に過ぎなかったんだ」と、手段に固執していたことに気づくかもしれません。そうなれば、自分でたくさん仕事をするという方法以外にも、「部下には新しいチャレンジをどんどんやってもらって、失敗したら自分が責任をとる」など、「責任」というニーズを満たす他の選択肢を考え出すこともできるのです。

これは聞いた話ですが、料理を嫌々やってきたある母親が、自分はいい母親だと思ってほしくて料理をしていたことに気づき、料理をやめたそうです。なぜなら、いい母親になるためにできることは、料理以外にもあるからです。

すると、家族はたいへん喜んだといいます。母親が毎日文句を言いながらご飯を作っている姿は、家族にとっても苦痛だったからです。母親が苦手な料理から解放されて楽しく明るく過ごせることを、家族の誰もが望んでいたのですね。

さて、あなたは、どんな「べき」に従って生きているでしょうか？
その「べき」は、誰が作ったものですか？
その「べき」は、あなたが本当に望んでいることですか？
その「べき」に従って行動することで、どんなニーズが満たされるでしょうか？
「べき」から「ニーズ」へとつながる生き方へ、シフトしてみてはいかがでしょう。

リクエストには2種類ある

さあ、ここまで詳細に①観察（O）、②感情（F）、③ニーズ（N）について説明してきました。最後はいよいよ④リクエスト（R）、「お願い」です。「もしよかったら、〇〇してもらえませんか？」と、自分が相手にやってほしいことを具体的に伝えます。

お願いには2種類あります。「**アクション・リクエスト**」と「**コネクション・リクエスト**」です。「アクション・リクエスト」は、日常私たちがやっている馴染みのあるお願いのこと。「お醤油を取ってくれない？」「コピーをお願いします」など、相手に身体を使って何か行動してほしいと伝えるお願いです。

一方、「コネクション・リクエスト」とは、文字通りつながりのためのリクエスト。これは、ほとんどの方がはじめて聞く言葉だと思います。自分が話したことを、相手は頭でどう理解したのか？　心でどう感じたのか？　それを聞かせてもらうことでつながりを作り出そうとするお願いです。


こんな経験が、誰しもあると思います。

自分の話を相手が理解していない様子なので、「わかった？」とたずねてみた。すると、相手は「はい」と答えた。でもなんとなく、わかっているようには見えない。

こういう時、「本当はわかってないいんじゃないか」と思いながら、「まあ本人がそう言っていることだし、いっか」と会話を終わらせがちです。でも、それでは不安が残ってしまいます。ここで役に立つのがコネクション・リクエスト。

「今、話しながらうまく伝えられているか、少し心配になってきたよ。もしよかったら、どういう風に聞こえたか教えてくれると助かるんだけどな」

こうしてリクエストに応じてもらえたら、相手に何が伝わって、伝わらなかったのかがはっきりします。もし伝わっていない部分があれば、再度説明して理解のずれを埋めることもできるでしょう。そうすれば、ちゃんと伝わったという相手とのつながりも感じられるわけです。

「すみませんでした」と相手が言っているけれど、本当にそう思っているようには見えない、という時も同じです。「本当にそう思ってるの？」とたずねて「はい」と言われたら、そう受け取るしかありませんが、それだと相手の本心はわからないまま。そういう時も、コネクション・リクエストです。

「今、少し厳しいことを伝えすぎたかもしれないと不安になってきたんだ。よかったら、今、どう感じているか聞かせてもらえない？」

こうすれば、自分が言ったことを、相手が心でどう受け取ったのかを確認できるので安心です。

ちなみに、「今、少し厳しいことを伝えすぎたかもしれないと不安になってきたんだ」というように、リクエストをしたいと思った理由をひと言添えると相手は安心するでしょう。もちろん嘘を言う必要はありません。あなたが感じたことを言葉にすればいいのです。

具体的な活用法として、いくつか例をご紹介しておきましょう。

〈頭の理解〉

・リクエストする前につけ加えたい言葉

「自分が言いたいことが残念ながらあまり明確になっていない気がしてきたよ」

「自分が言いたいことをうまく言葉にできなくて、ちょっと混乱してきたんだけど」

「ちょっと長く話しすぎた気がしてきた。伝えたいことはもっとシンプルなはずなんだ」

「これは君にもぜひ理解しておいてほしい大切な話なんだ」

・リクエスト

「今の話を、どう受け取ってくれたか、聞かせてもらえないかな？」

「今の話、君がどう理解してくれたのか、教えてもらえないだろうか？」

「私の話は、どんな風に伝わったか、伝え返してもらえると助かるな」


〈心の理解〉

・リクエストする前につけ加えたい言葉

「自分が思っていることを、うまく言葉にできたかどうか自信がないから」

「君との間に、誤解が生まれることは避けたいから」

「あなたとの関係を大切に育んでいきたいから」

・リクエスト

「よかったら教えてほしいんだけど、今の話を聞いて、どう感じてる？」

「今、どんな気持ちになっているか、聞かせてもらえないだろうか？」

「今、君の中で何が起こっているか、よかったら話してもらえないかな？」

このように、自分が求めるつながりを得られるリクエストを相手に伝えてみましょう。

慣れないコネクション・リクエストは、言う人も、言われる人もはじめは抵抗を感じるかもしれません。気持ちを語り合うことに、慣れていないからです。だからもし、あなたのリクエストに対して相手がすぐに言葉を返せなくても、相手のペースを尊重しましょう。

また、「今、気持ちを聞かせてと言われて、戸惑ってる?」など、YES／NOで答えられるクローズド・クエスチョンでたずねると、相手は思っていることを言いやすくなるかもしれません。

相手には、あなたのお願いを断る自由がある

ただし、当然ですが、リクエストしたところで相手がそれに応じてくれるとは限りません。「神様にお願いする」といった使い方をすることからもわかるように、お願いは叶うか叶わないかはわからないもの。相手が応じてくれると決めてかかれば、それはお願いではなく、強要(ディマンド)になってしまいます。

「強要」を辞書で引くと、「無理に要求すること。強いること」とあります。強要には、NOと言わせないような圧力や、支配の力が働くのです。一方、リクエストにそのような力は働きません。相手は、自分のニーズに基いて、どうするかを自由に決めることができるのです。

「相手が自分のお願いにYESと言うかNOと言うかはわからない」――この心境で口にしてこそ、リクエストだといえるでしょう。

たとえば、「私のやり方についてきてくれないか」と相手にお願いする時、「当然ついてくるよな」「断るなんてありえないぞ」という心境で言えば、それは「強要」です。状況によっては、脅しにもなり得ます。相手は不安や恐怖からYESと言うしかなくなるでしょう。上下関係がある時は、何もしなくても上の立場にある人の発言に権限がありますから、上に立つほうがその点に深く注意を払う必要があるでしょう。

そもそもお願いとは、自分のニーズを満たすための手段を相手にやってもらえないかと頼む行為。つまり、あなたはお願いして自分のニーズを満たそうとしているわけです。同じように、相手にだって満たしたいニーズがあります。両者のニーズは、同等に大切なものですから、あなたのニーズのほうが相手よりも大切、ということも、もちろんその逆もありません。

だから相手は、あなたのお願いに応えることが自分のニーズを満たすと思えばYESと言うし、満たさないと思えばNOと言うでしょう。それは、わがままでもなければ、冷たいわけでもない。すべての人間が、自分がどうしたいのかという本音に従って生きる権利を持っているということです。

リクエストとは、自分のニーズを満たそうとすると同時に、相手のニーズも尊重する対等なコミュニケーション手段なのです。

NOと言えない状況でも、言いたい気持ちは理解できる

そうはいっても、仕事ではNOなんて言っていられない、と思われるかもしれませんし、実際そうですね。会社とは利益を生み出し、社会に貢献するという共通のニーズのもとに動いている組織ですから、指示や命令は必要です。個人的なニーズをすべて聞いていたら、物事が前に進まないでしょう。

でも、言い方を工夫することはできます。たとえ指示・命令であっても、嫌々やるのと、誰かの役に立ちたいという気持ちで取り組むのとでは、結果も変わってくるはずです。

「今期のデータ、明日までにまとめといて」と指示・命令すれば、言われた側は「なんで明日までなの」「どうして俺なんだ」「こっちにだって都合があるのに」と不平不満を抱きながら、仕方なくやるかもしれません。でも、こう言われたらどうでしょう。

「クライアントからさっき電話があって、明日までに今期のデータをまとめてほしいって依頼があった（O）。あまりに急で驚いたし、君に頼んでいいものかと、正直ためらっている（F）。君には今取り組んでいる別の大切なプロジェクトがあるからそれを成功させてほしいと思っているんだ。でもお客さんも困っているし、なんとかしてやってあげたい（N）。どうだろう。明日までにデータをまとめてもらえないだろうか（R）」

このようにOFNRで伝えれば、相手は、あなたや会社、お客様の力になりたいと思って取り組んでくれるかもしれません。あるいは、なぜやるのかという理由や目的が明確になり、「意味」というニーズが満たされた状態で仕事に取り組めるでしょう。

もちろん、「こう言えば相手はやりたくなるはず」と相手をコントロールする気持ちで言えば、その気持ちは確実に伝わります。言い方は大切ですが、どんなに言い方を工夫しても、話す人の気持ちが伴っていなければ、言葉は形だけになってしまうので気をつけてくださいね。

これは上司部下の関係には限りません。親子関係においても、要求が必要な状況は多々あるでしょう。約束の時間が迫っているのに、子どもが行きたくないとぐずっている。そんな時は、ゆっくり話す暇がありません。

「ほら、時間がないんだから早く支度しなさい！　ママを困らせないで！」

などと、きつく言ってしまうこともあるでしょう。そういう時は、あとでちゃんと子どもの話を聞く約束をして、その上で「支度をしてほしい」と要求してみませんか？

子どもにだって満たしたいニーズがあります。そしてそれは、親であるあなたのニーズと同様に大切です。子どもは自分のニーズをうまく言葉にできないのでわかりづらいかもしれませんが、他の誰よりも親であるあなたにわかってほしい。そう願っていると私は思います。

相手にはNOという自由がある。そして、相手にNOを言う選択肢がない状況でも、相手のニーズを聞いて理解することはできる。

この事実を心にとどめておいてほしいのです。

これまでの時代は、指示・命令・要求して相手を従わせるやり方に、疑問を持つ人は多くありませんでした。そんな「**パワー・オーバー**」といわれるコミュニケーションから、両者のニーズを満たそうとする「**パワー・ウィズ**」といわれるコミュニケーションへ、時代は動き始めています。

パワー・オーバーでは、相手の意見や気持ちは重視せず、地位や権力、お金などの力で人を動かそうとします。優位な立場に立って相手を動かすこの方法は、高度成長期のように、全員が同じ方向にまい進すればよかった時代には、効果的なコミュニケーションだったといえるでしょう。

でも、現代のように、めまぐるしい変化の中で素早く意思決定し、枠組みを飛び出すようなアイデアが求められる時代において、そのやり方はそぐわなくなってきているのではないでしょうか。トップダウンでメンバーを管理するパワー・オーバーから、横のつながりでシナジー（相乗効果）を生み出すパワー・ウィズへ。そんなシフトを可能にするのが、この本でお伝えしたい会話術。お互いのニーズを大切にするコミュニケーションのスキルは、今後ますます重宝されるようになると思うのです。

リクエストのコツ①曖昧さを避ける

リクエストの心構えをご理解いただけたところで、今度は伝え方のポイントをお伝えしていきます。多くの人が、願いの叶いにくい言い方でリクエストをしているからです。

たとえば、こんなシチュエーションで考えてみましょう。

「もっとちゃんとしてくれないかな」

あなたが恋人にこう言われたら、何をしてほしいのだと理解しますか？

・お金をもっと稼ぐ。
・髪を切る。
・スーツを着る。

・机の上を整理する。
・転職する。

答えは無限にありそうですね。「ちゃんとする」という言葉は曖昧ですから、何をすることが「ちゃんとする」ことなのか、人によって理解が異なります。

たとえば「スーツを着ること」が「ちゃんとする」ことだと思ったあなたは、リクエストに応えようとしてスーツを着てみたとします。そんな姿を見た恋人が呆れ顔で一言。

「どうしたの⁉　スーツなんて着て」

あなたは言います。

「だって、お前がちゃんとしろって言ったから」

あとのやりとりは想像できますね。

「ちゃんとしてとは言ったけど、スーツを着てなんて言ってないじゃない」

「じゃあどうすればいいんだよ？」

「だから、ちゃんとしてほしいのよ！」

せっかくリクエストに応えたくてスーツを着たのに、残念な結果ですね。願いが叶わなかった恋人も、やるせない気持ちが続いてしまうでしょう。

こんなすれ違いを避けるためにも、相手に何かを求める時は、わかりやすく具体的に伝えるのがポイント。１００人に言ったら、１００人が同じ行動をとれるような明確さがほしいのです。

たとえば、「いい子でいて」と言われたら、黙って静かにすればいいのか、元気に挨拶をすればいいのか、本を読めばいいのかわかりません。「いい子」でいる方法は、人によって違うからです。

「おとなしくして」と言われたら、歌を歌わなければいいのか、声を出すこと自体だめなのか、ボリュームの問題なのか、じっと動かずにしていればいいのかがわかりません。同じように、「私の気持ちをわかって」と言われても、自分ではわかっているつもりなのに、他に何をすればいいんだろう？　と混乱してしまうでしょう。

リクエストが行動できる言い方になっていないと、お願いされた相手は何をすればいいのかわからないのです。それで自分なりに解釈してやってみたら、「違う」「そうじゃない」と言われる始末。こんな悲しいミス・コミュニケーションが生まれないよう、相手に何をやってほしいのかを具体的に言葉にしましょう。

そのためには、自分のニーズに気づく必要があります。何が欲しいのかをわかっているからこそ、それを手にするための手段を相手にお願いできるからです。


テレビを見ながら生返事をするパートナーに対し「ちゃんと聞いてよ」と言っても、相手は「聞いてるよ〜」としか答えてくれないでしょう。相手は、内容が耳に入っているのだからちゃんと聞いている、と思っているのです。

でもあなたがそれで満足しないとしたら、自分の心の深海に潜ってニーズにたどり着きます。いったい何のニーズが満たされないから、不満なのでしょう。

「つながり」「愛されること」「大切にされること」でしょうか。それとも話をして「分かち合うこと」や「共感」してもらえることかもしれません。

ニーズがわかったら、それを満たす手段を考えます。どうすれば自分が満足できるのかを考えるこの作業は、どちらかというと左脳的。感じるよりも頭で考えます。自分のニーズが満たされ、なおかつ相手にできそうな手段を、知恵を働かせて考えるのです。

テレビを消して（録画して）聞いてほしいのか、感じたことを教えてほしいのか、向かい合って話したいのか、思いつく解決策を聞きたいのか、あなたは相手にどうしてほしいのでしょう。

残念ながら、答えはパートナーにも、私にもわかりません。**あなたが求めていることを知っているのは、あなただけなのです。だからこそ、あなたから具体的に「こうしてほしい」と伝えましょう。**相手にあなたの幸せを願う気持ちがあっても、それがどんな行動で実現できるのかは、あなたが口にしなければわからないのです。

ただ、そうは言っても、相手にどうしてほしいのかを考えられない時だってあるでしょう。そんな場合もOFNR、混乱する気持ちをそのまま伝えます。

「私が話している時にあなたがテレビを見ていると(O)、なんだかすごくさみしくなるの(F)。あなたに大切にされることが、私にとってはとても大事なことだから(N)。でも、あなたがテレビを見たい気持ちもわかるから、どうすればいいのかわからないの。今の話を聞いて、どう思うか聞かせてくれない?(R)」

このように、ニーズを満たす方法を自分で見つけられなければ、「わからない」と伝えてコネクション・リクエスト。相手がどう感じたかをたずねることもできます。そうすれば、相手も一緒に解決手段を見つけられるかもしれません。

本音を伝えるコミュニケーションは、とてもシンプルです。いいことを言おうとする必要はありません。まとまってから言おうとする必要もありません。今思っていることをそのままOFNRで言葉にするだけでいいのです。

リクエストのコツ②肯定語で伝える

「お茶、こぼさないようにね」

そう子どもにお願いすると、多くの子どもがお茶をこぼしてしまいます。これはどういうことでしょう。「こぼさないように」と言われると、頭の中にお茶をこぼした時のイメージが浮かんで、そっちに引っ張られてしまうからです。

子どもだけではありません。私自身ラジオで原稿を読む時、言い慣れない単語は「つっかえないようにしよう」と気をつけるのですが、そう思うほどつっかえていました。

脳は、何かをしないことをイメージすることができないからです。何かを「やらないようにしよう」と思う時、脳はまずそれをやっているイメージを作り出します。それからその像を避けようと思うのですが、浮かんでいるのはやっているイメージなので、どうしても引っ張られてしまうのです。

また、人から「○○しないで」と言われると、時に、信じてもらえていないようで悲しい気持ちになりませんか？　たとえば「落書きをしないで」と誰かに言う時は、その人が落書きをするかもしれないと思っている場合が多いですね。「しないで」という言葉の奥には、相手が「するかも」という疑いが潜んでいるのです。加えて、「しないで」と言われているわけですから、自分の行動や可能性を制限されるようで窮屈な気もします。

だからリクエストは「○○しないで」という否定形でなく、「○○して」と肯定形で伝えたほうが、相手も気持ちよく応じやすいのです。

また否定形のリクエストは多くの場合、解釈を要します。「気を遣わないでほしい」とリクエストされたら、土産を持たずに行けばよかったのか、足をくずして座ってもいいのか、冷蔵庫を勝手に開けていいのか、片づけを手伝わずに座っていていいのか、敬語を話さないほうがいいのか……とらえ方はいくつもあります。結局、気を遣ってしまいそうですね。

「干渉しないでほしい」。これも、アドバイスをしなければいいのか、質問をしなければいいのか、まったく会わないようにする必要があるのか。正解は、リクエストした本人にしかわかりません。

「○○しないで！」とお願いしたくなったら、肯定語で、具体的に伝えられないかな？と考える癖をつけましょう。

ちなみに最初の例では、こんな言い換えができます。


「お茶、こぼさないようにね」→「お茶をしっかり持ってね」

「つっかえないようにしよう」→「10回練習してから、本番では丁寧に発音しよう」


それでは、次のリクエストはどんな肯定語に言い換えられるでしょう？

①「騒がないでください」
②「風邪をひかないようにね」

③「今の約束、忘れないでね」
④「ダイエット、あきらめないで」
⑤「間違えないで」

正解は、無数にあります。肯定語で具体的に伝えるなら、どんなお願いができるのか。正解例は、この章の最後にありますので、考えてみてください。

「どうしてわからないの？」と言いたくなる理由

リクエストは具体的に伝えたほうがいい。このコツを知ったあなたは、今後、新しいストレスを感じるかもしれません。

相手のリクエストが、曖昧でわかりにくいと気づいてしまうからです。

そういう時に、「私に何をしてほしいんですか？」とたずねると、相手は突き放されたように感じます。いくらやさしく言ったとしても、です。なぜならこの言葉には、「あなたの言いたいことが伝わらなかった」という意味が含まれているから。相手はあなたに非難されたと受け止める可能性が高いのです。

相手のリクエストが不明瞭な時に満たされないニーズは、「理解」「わかりやすさ」「つながり」。そして役に立ちたいのにどうすればいいのかわからず「貢献」が満たされないこともあるでしょう。そんな自分のニーズがわかったら、深海へ潜り、落ち着きを取り戻してからたずねます。

「あなたは、私に○○を求めているのですか？」

このように相手が求めていることを想像する質問は、自分の受け取り方が合っているかどうかの確認になります。私が正しく受け取れているかを確認したいと言っているので、相手は責められているようには感じません。

この時、一緒に自分のニーズも伝えるといいでしょう。

「あなたの話をちゃんと理解したいから確認したいんだけど、あなたは私に○○してほしいと思っている？」
「あなたの力になりたいからこそ私の理解があっているのかを知りたいんだけど、あなたは私に○○を望んでいる？」

これはコミュニケーションに限らないことなのですが、新しいことを学んだあとには家族や親しい人に苛立ちを覚えやすいものです。「どうしてわからないの？」と言いたくなるのです。「わかっていない相手」が、「新しい学びを知らなかったかつての自分」と重なって見えてしまうのでしょう。

新しいことを知ると、「そういうことだったのか！」という喜びがある一方で、それを知らずに頑張っていた時の自分が滑稽《こっけい》に見えたり、もっと早く知っていればあんなに苦しい思いをしなかったのにと後悔したりするもの。「わかっていない相手」を見ると、そんなつらい感情が呼び起こされて、苛立ってしまうのです。

そんな時も、やはり深海へ。そこにはどんなニーズがあるのか、ぜひ自分の気持ちと向き合ってみてください。

お願いすることは「わがまま」なのか

さて、お互いがニーズを満たし合うために欠かすことのできないリクエストですが、そもそも人に何かをお願いすることが苦手、という方も多いと思います。

自分がやりたくないことを人にやらせているようで無責任な気がしたり、頑張れば自分でできるのに怠けているように感じる、からかもしれません。

私もお願いをするのが本当に苦手でした。私の場合は、「自立」をとても大切にしていたので、なんでも自分でやるのがいいことだと思っていたのです。

でも、アメリカでコミュニケーションを学んでいた時、その考え方は大きく変わりました。

リトリートと呼ばれるその合宿には、アメリカのみならず、中国やノルウェー、インドなど、様々な国から多くの人が学びに来ていました。そこでは、誰もがとっても流暢に英語を話します。私はアメリカへ1年間高校留学した経験があるので、簡単な日常会話はなんとかなるのですが、自分の考えや感情をストレスなく英語で表現できないし、人権や社会変革といったテーマになると、7割くらいしか理解できませんでした。

「わかる分だけわかればいいじゃないか。そんなに欲張ることはない」

「自分がもっと英語を勉強してこなかったから悪いのだ」

自分を責めても仕方がないと思いながらも、自責の念にかられます。そしてストレスは日に日に大きくなっていきました。そこである人に相談してみると「自分がどうしてほしいのか、みんなにリクエストしてみたらどう？」というアドバイス。

その時、私の頭に真っ先に浮かんだ言葉は、「とんでもない！」。そんな身勝手なことできないよ。自分が勉強していないのが悪いんだから、それでみんなに何とかしてくれなんて、虫が良すぎる。そんな思いを伝えると彼女は、こう言ってくれました。

「みんなにとって、あなたの力になれるチャンスが与えられることは喜びじゃないかしら」

え？　そんなわけない。私はそう言いたくなった自分と向き合って、考えてみました。

みんなが私の力になりたいと思っている？　そんなことがあるんだろうか？

大勢の前で、それも英語で、自分の苦手な「お願い」をすることは、恥ずかしくて居心地が悪くて、嫌で仕方がないことでした。でも、これこそが学びの体験だと思い、私は翌朝の全体ミーティングで、勇気を出して言ってみることにしたのです。

「私は、授業の7割程度しか理解できなくて、とても残念に思っています。日本から多くの時間とお金をかけてやってきたのに、みなさんと同じように授業を理解できないことがとても苦しいのです。でもそれは、自分が英語を十分に勉強しなかったことが原因なのだから、仕方がない。そう自分に言い聞かせていました。それでも、やっぱり私はもっと授業を理解したいんです。でも私にはどうすればいいのかわかりません。何かいい方法がないか、一緒に考えてもらえないでしょうか」

私は、話しながら泣いていました。「何でもひとりでやり抜くんだ」と頑張ってきたプライドを捨て去る悔しさや、自分に能力がないことを認める恥ずかしさ、英語で上手く言えないもどかしさや緊張など、多くの感情が涙となって溢れ出たのです。

そして、しばらくの沈黙のあと、私は、予想もしなかった言葉を耳にすることになりました。

「私はまず、アキコにお礼が言いたい。私は英語しか話せないし、外国語を学んだこともないから、海外で、しかも外国語で学ぶことがどんな体験なのかを、はじめて想像する機会を与えてもらえた。ありがとう」

「アキコの正直な告白に感謝を言いたい。ありがとう。あなたが心を開いて話してくれる様子に、勇気をもらいました。それから私にとって、ここでともに学ぶ仲間が取り残されないことはとても大切なことです。だから私は、アキコをはじめ、言葉の問題を抱えている人たちの力になりたいです」

「私は、言葉の問題を抱えている人たちの痛みに気づいていました。ずっと気になっていたのです。だから、今ここで話題に挙げてくれたことに感謝します。ありがとう。私からはひとつアイデアがあります。たとえば、講師の側が、ひとつのテーマを話し終えた時、統合の時間（インテグレーション・タイム）を設けるのはどうでしょう？　英語を話せる人たちは、そこで理解したことを話し合い、そうでない人たちは翻訳の時間にするんです」

いったい何人の方が、こうして感謝やアイデアを伝えてくれたことでしょう。自分ひとりでは決して思いつくことができないことばかりでした。

しかも、彼らはこうも言ってくれたのです。

アキコのリクエストに応えることは、アキコのニーズを満たすと同時に、自分のニーズを満たすものだ。自分がそうしたいから、そうするのだと。

自分のニーズと相手のニーズは同時に満たせる

これは私にとって、「お願い」についての考え方を根底から変えてしまう体験でした。

まず、お願いが感謝されるだなんて思いもしなかったことです。

「正直に話してくれてありがとう」「心を開いてくれてありがとう」「知らなかったことを教えてくれてありがとう」「私の気持ちを代弁してくれてありがとう」「勇気をくれてあり

がとう」「講義では味わえない学びの時間をもたらしてくれてありがとう」

お願いすることが、誰かの喜びにつながったのです。それは、**自分のニーズを満たすためのお願いが、誰かのニーズも同時に満たせる、**という大きな気づきになりました。

私は授業を理解したかった。そんなアキコに力を貸すことは自分の復習になる。アキコに見せるためのノートを取ろうとすれば、自分がもっと集中して授業を受けられる。アキコがもっと授業を理解できたら、この場に自分が望む一体感がもたらされる。そうすれば全員の学びが促進される。

彼らは、自分を犠牲にして仕方がないから手伝うのではなく、自分のために手伝う、と言ってくれたのです。

私はずっと、お願いすることは、わがままだと思っていました。でも、誰かに力を貸してほしいと頼むことは、わがままなんかじゃない。ともに生きること、そのものだとわかったのです。

それまでの私は、お願いをする時、いつも申し訳ないと思っていました。罪悪感があったのです。

これはどうやら、多くの日本人が持っている感覚のようで、その合宿に参加した他の日本人も私と同じように、「質問して他の人の時間を奪っては申し訳ない」「自分がわからないことで迷惑をかけてはいけない」と思いながら我慢していました。

でも、他の国から参加している人たちは、それほど気にする様子がありません。「ぼーっとしていて聞き逃したから、もう一度説明してほしい」とリクエストしたり、話の流れに関係ない質問も頻繁にしているように私には見えました。

人様に迷惑をかけてはいけないという価値観の良し悪しについて、ここで議論をするつもりはありません。ただ、人間の脳は、誰かに貢献した時に快感を覚えるようデザインされているといいます。**私たち人間は本来、人の役に立ちたい生き物なのです。**ということは、お願いは、自分だけでなく相手にとっても喜びのチャンスだと言えるのではないでしょうか。

断っても断られても嫌な気持ちにならない方法

「お昼ご飯をアキコと一緒に食べながら、質問に答えるという形でアキコの理解を手伝いたい」

私のリクエストにこう言ってくれた女性もいました。彼女とは気が合うと感じていたので喜んでいると、ファシリテーター（ミーティングで議事進行役を務める人）から彼女にある質問が投げかけられました。

「明確にするためにひとつ質問したいんだけど、それは〝アキコだけ〟ということかしら？　それとも他の日本人の受講生が一緒でもいい？」

彼女は少し考えて、こう言いました。

「アキコだけがいいです」

え？　嘘でしょ？　そんなこと言っちゃダメだよ。他の日本人が傷つくじゃない⁉

私は、自分が言ったわけでもないのに、激しい不安におそわれました。でも、彼女は続けて言ったのです。

「ランチタイムに手伝いたい気持ちと同時に、私には休みたい気持ちもあります。自分の持っているキャパシティーを考えると、手伝えるのはひとりかなと思うんです」

そこには、誰かを傷つけようなんていう意図はありませんでした。彼女は自分に正直に言っただけなのです。午前のクラスを受けたあとに自分に残っている気力と体力、そして午後のクラスに向けて取っておきたい自分の余力。自分を大切にしながら、私のことも手伝いたい本音を正直に語ってくれたのです。

そこにはすがすがしさがありました。人間が、自分の気持ちを正直に言葉にすることはなんて美しいんだろう。気づけば私の不安も消え去っていました。

結局、誰も嫌な思いなんてしなかったのです。

「NO」と言われる勇気

NOと言うのは簡単ではありませんね。断ったらがっかりさせてしまう。嫌われたらどうしよう。もう誘ってもらえないんじゃないか。そんな不安におそわれると、ついYES

と言ってしまうこともあります。

でも、そうは言ってもやっぱり気乗りせず、ドタキャンしたり、忘れたふりをしたり、憂鬱な気持ちが表情に出てしまうかもしれません。そんな嫌々な気持ちが相手に伝われば、「別に無理してやってほしいなんて言ってないのに」と、相手も不愉快になるでしょう。

NOを言うと、人が離れてしまう。もしあなたがそう思っているとしたら、その考えをこんな言葉で上書きしてみませんか。

「NOは、他のニーズへのYES!」

先ほど「アキコひとりを手伝いたい」と言った女性は、「大勢を手伝う貢献」にNOと言い、「ひとりを手伝う貢献と自分の休息」にYESと言いました。**何かを断ることは、他の何かを大切にすることなのです。**

自分がNOと断られた時も同じ。相手が他のどんなニーズにYESを言っているのかを想像すると、少し気持ちがラクになるでしょう。

直接NOと言われたわけではないけれど、期待していたことをやってもらえなかった。そういう形でNOを受け取ることもありますね。

たとえば、同僚が部署を離れることになった事実を、自分だけ知らなかったとします。そんな時は、「どうして知らせてくれなかったの!」と言いたくなるかもしれません。知らせてもらえることが当然だと思っていたからです。

さあ、感情が動いたらひと呼吸。すると、知らせてもらえなかった痛みの先には「大切にされること」というニーズがあることに気がつきました。あなたは自分を大切にしてほしかった。だから、自分にだけ知らせてもらえなかったことが、とても悲しかったのです。

そんな本音に気づいたら、こんな言い方でリクエストを伝えてみましょう。

「知らせてくれなかったことには、どんな理由があるのか教えてくれませんか?」

リクエストには多くの場合、実際に求めているものに加えて、自分のことを大切にしてほしいというニーズが含まれています。応じてもらえなかった時に傷つくのは、自分を大

切にしてもらえなかったと感じるからなのです。

だからリクエストにNOを言われたら、相手が何にYESを言っているのかをたずねます。相手は、大切な仕事を抱えるあなたを動揺させたくなかったのかもしれません。つまり、あなたの「集中」や心の「安定」を大切にしようと考えてくれていたのかもしれないのです。

逆に、あなたが相手からのリクエストにNOを伝える側に立った時は、自分が他の何にYESを言っているのかを伝えて、相手が受け取りやすいように伝えられるといいですね。

シチュエーション①
謝罪で重要なのは言葉ではない

OFNRで伝える技術が身につくと、どんな状況でも本音を語れるようになっていきます。ここからは様々な場面における本音の伝え方を見ていきましょう。

まずは、謝罪。自分を守りたくなって、闘争・逃走反応が出やすい瞬間のひとつです。

ＴＯＫＹＯ ＦＭで、平日朝にTapestry（タペストリー）という番組をやっていた頃のこと。金曜日はニューヨークのラジオ局と回線をつなぎ、デボラというＤＪがＮＹのトピックや音楽を紹介してくれていました。回線のつながりをチェックしてから放送にのぞむのですが、ある朝、生放送中に突然ぷつっと回線が途切れることがあったのです。

やばい！——感情の波に飲み込まれた私は、反射的に謝罪の言葉を口にしました。

「大変申し訳ございません！　ただいまＮＹとの回線が途切れたようです。今すぐ状況を確認いたします。本当にすみません。それまでの時間は、東京のスタジオからお送りします。それでは、この曲をお届けしましょう。（曲紹介）」

数分後に回線は復活し、番組は無事いつもの放送に戻って、なんとか事態を乗り切れました。でも放送終了後、スタッフから思わぬことを言われたのです。

「なんであんなに謝ったの？　そこまで深刻に謝らなくてもよかったんじゃない？」

私は半ばパニックになっていたので、自分が何を言ったのか正確には思い出せませんでした。それでも、丁重すぎるほどに謝ったことは覚えていました。

「あっこちゃん（私）が悪いわけじゃないんだし、そんなにたいしたことじゃないんだから、さらっと謝ってもよかったんじゃない？　あんな言い方されると、逆にいったい何が起こったのかってこっちが不安になっちゃうよ」

私があの時感じていたのは、恐怖。失敗したら怒られるという反射的な恐怖でした。「やばい」「怖い」――そんな思いから必死に逃れたくて謝ったのです。まさに逃走反応。私の恐怖は、聞いている人たちにも伝染し、みんなを不安にするきっかけとなったことでしょう。

もしあの時、ひと呼吸して感じるままに恐怖を味わい、落ち着きを取り戻せていれば、冷静にコメントすることもできたはず。そうすれば、聞いている人たちも落ち着いて耳を傾けられたでしょう。

話をする時に伝わるのは、言葉という「情報」だけではありません。情報以上に伝わるのは、あなたの「状態」です。

ですから、謝罪する時に大切なのは、どういう状態で言うか。恐れたり、怒っていたり、どうでもいいと投げ出す気持ちで謝罪すれば、相手にその気持ちは伝わります。

大切なのは言葉よりも状態。謝るのは、心の深海へ潜って落ち着きを取り戻してからです。

シチュエーション②
相手が感情的になっている時

謝罪する時に、相手がもし感情的になっていたら、ＯＦＮＲで伝える前に、相手の本音を聞きます。スキル2でお伝えした方法で、相手の感情とニーズに寄り添うのです。

自分の気持ちやニーズを伝えるのは、相手が落ち着いてから。感情的になっていると、あなたが何を言っても相手は聞き入れるのが難しいからです。

お客様から「今どこですか？」とメールが入ったとします。いったい何のことだろうと思ったら、なんとその日はお誘いをいただいた会食の予定が！　日時を勘違いしていたあなたは大慌て。まずはひと呼吸していったん落ち着きましょう。

O「今、いただいたメールを拝見して、」

F「背筋が凍りつきました。大変申し訳ございません」

O「本日の〇〇さまとのお約束を、来週の火曜日だと思い込んでおりました」

N「御社の新しいプロジェクトにお力添えできる可能性を持った弊社の技術について、お伝えさせていただけるこの機会を、心待ちにして準備も進めておりました。せっかくいただいたこのお時間を自分が台無しにしてしまったことが、」

F「本当に残念で、今血の気が引く思いがしております」

さて、この先のリクエストは、状況によって様々。

自分が、これからすぐに向かえる状況なら、

R1「今からそちらへお伺いさせてはいただけませんか。あと30分ほどかかってしまうのですが、どうかお待ちいただけないでしょうか？」

自分は行けないけれど、隣にいる同僚が参加できる場合には、

R2「今日は私がそちらへお伺いすることがままならない状況です。もしよろしければなのですが、先日ご紹介させていただいた弊社の○○という技術担当の者が、これからすぐにお伺いさせていただけないかと申しております。30分ほどで参りますので、どうかお食事を進めながらお待ちいただけないでしょうか」

お店に電話をかけて、事情を伝えたり、何か特別なサービスをお願いしたりするなどの対処も、あわせておこないたいところですね。

でも、もし相手がカンカンに怒っていたら、こんなふうに自分のOFNRは伝えられないでしょう。そんな場合は状況にもよりますが、基本的にはまず相手の話を聞いて受け取ります。

（相手に電話をかける）

自分「今、いただいたメールを拝見して、背筋が凍りつきました。大変申し訳ございませ

ん。本日の○○さまとのお約束を、来週の火曜日だと思い込んでいたため、今、まだ□□にあります弊社の支店にいるのです」

お客「(深いため息) 何を考えているんだ、君は。君がどうしてもと言うから、今日は忙しい中、無理矢理時間を作って出てきたんじゃないか。それを勘違いしていたなどとは、失礼にもほどがある！」

自分「無理をして今日のお時間を作ってくださっていたのですね」

お客「そうだ。断った案件だってあるんだ。それを、勘違いしていたのひと言で済まされると思ったら大間違いだ。まったく。この時間をどうしてくれるんだ」

自分「お断りされた案件に時間を使っていれば、もっと有効に時間をお使いになれたと」

お客「ああそうだ。だいたい君が最初に作ってきた資料を見た時から、いいかげんな感じがしていたんだ。データが古すぎだとは思わなかったのかね。あんなデータでプレゼンをしてくるなんて、詰めが甘いとしか思えない」

自分「最新のデータを使用したプレゼンテーションを望んでいらっしゃったのに……」

お客「当たり前だ。あんな古いデータを持ってくるなんて、ありえないよ。君たちの技術は本当にわが社のプロジェクトの役に立つのかね」

自分「今回のプロジェクトの成功を何よりも大切に考えていらっしゃるからこそ、信頼できる新しい技術を必要とされているのですね」
お客「そうだよ」
自分「今日は、そんな信頼できる新しい技術かどうかを、確認しようと思ってくださっていた……」
お客「ああ。そうだ、そういうことだ」
自分「そのためにせっかく無理をしてまで作ってくださったお時間を、別の日だと思い込み、○○様のお時間を大切にできなかったということが、本当に悔しくて残念で仕方がありません。大変申し訳ございませんでした」
お客「……」
自分「どうか今からそちらへお伺いさせていただくことを、お許しいただけないでしょうか」
自分「○時○分までには、必ずお伺いいたします」
お客「……」

このように、相手が感情的になっている時は、「聞いて受け取る」ことを繰り返します。相手が言っていることを伝え返し、相手の感情とニーズを想像しながら、相手のたどる道を半歩後ろから着いていくのです。

相手は、自分の感情とニーズが言葉にされるのを聞いて、繰り返し「そうだ」と答えていますね。そうして自分の気持ちやニーズをわかってもらえたと感じられた時には、あなたの話を聞いてみようという気持ちも生まれてくるでしょう。

相手が感情的な時は、こちらの心も揺さぶられます。きっと何度もひと呼吸しながら、自分の深海へ行って、落ち着きを取り戻そうとすることになるでしょう。そうしてお互いがニーズという深いレベルでコミュニケーションできたなら、どんな人とでも理解し合える可能性がそこにはある。私はそう思っています。

シチュエーション③ 受け取りにくい褒め言葉

「あなたって本当にすごいね」

「仕事できるよね」

「優秀な人だね」

「いつも明るいね」


このような褒め言葉は日常会話でよく耳にするものですが、正直、言われてうれしくないと感じることもありませんか。

「(あなたは)○○だ」と、相手を決めつける言い方になっているからです。人は決めつけられるのが好きじゃないと述べてきましたが、これはプラスの意味でも同じなのです。


「いい子だね、と僕の娘を褒めるのをやめてほしいんだよ」


そう話してくれたのは、日本人女性と結婚したイギリス人の友人です。娘のおばあちゃん、つまり妻の母親が、「いい子だね」と娘を褒めるのを聞くと、「いい子であるあなただけを受け入れる」と言っているように聞こえてしまうのだそうです。

確かに子どもは、褒められるとその行動を繰り返します。受け入れてもらえる、愛してもらえると感じるからです。しかしこれは、「相手が気に入ることをしなければ愛されない」という価値観を持つ子に育つ可能性もはらんでいます。イギリス人の友人は、それを恐れたのです。

そしてこれは、子どもだけに当てはまることではありません。大人も褒められた時の行動を繰り返すことで、「承認」のニーズを満たそうとしますね。そのためか、時に褒め言葉は、人を操作する手段としても利用されます。「こう言って褒めたら、喜んでやってくれるに違いない」と、意図的に相手を褒めるのです。

それは、褒め言葉を受け取りづらくしている要因のひとつになっているでしょう。褒め言葉を素直に受け取れない理由には、謙遜もありますが、相手にコントロールされるかもしれない恐れも少なからず影響しているのです。

そこで褒める時も、やっぱりOFN（R）で伝えます。

「**あなたの○○を見ると（聞くと）、Fな気持ちになる。Nが満たされるから。ありがとう**」

このように褒める時には、リクエストをしないかわりに、感謝を伝えるといいでしょう。

「あなたの笑顔を見ると、明るい気持ちになるわ。元気が出てくる。ありがとう」

「先輩が会議で〝僕は少し違う意見です〟って言うのを聞いた時、なんだかまぶしかったです。私も率直に意見を言えたらいいなって思いました」

「あなたが書いた文字を見ると、うっとりしちゃう。美しいものが好きなの」

「君の今日のピカピカに磨かれた靴を見ていると、なんか心がすーっと軽くなるよ。しっかり手入れされているっていいね。おかげで朝からいい気分だよ。ありがとう」

このようにOFN（R）で褒めると、相手を決めつけることになりません。私のニーズが満たされて、私に快の気持ちが生じたと伝えているので、「あなたは、そう思ったのですね」と相手も受け取りやすくなります。

ちなみに、褒めて相手の表情が曇った時は、コネクション・リクエストを加えることで、相手がどう感じたかを確認するといいでしょう。

シチュエーション④
急な意見を求められた時の対応

会議で、「君はどう思う?」と突然話を振られて、「え?」とフリーズしたことはありませんか。「そんなこと、急に言われても困るよ」といったところでしょうか。何かちゃんとしたことを言わなければ、信頼を失うかもしれない。そんな焦りも出てきます。

こういう状況では、焦りや不安の波に飲み込まれて、とりあえず何かしゃべり出してしまいがちです。結果、何が言いたいのかわからなかったり、話が長くなったりして相手を呆れさせてしまうことにもなりかねません。

こういう時も、まずはひと呼吸。焦っているなあと感じて、深海へたどり着きます。そしてOFNRです。

O「今、君はどう思うとたずねられて、」

F「不安になりました」

N「役立ていただけるような意見を申し上げたいのですが、すぐには、言葉にまとめられそうにありません」

R「3分ほどお時間をいただけないでしょうか」

O「今、君はどう思うとたずねられて、」

F「すごく焦っています。私に意見を求めてくださったことはとってもうれしいのですが、思うことがまとまらないんです」

N「貴重な会議の時間ですので、」

R「もしまとめられたら、その時にお伝えしてもよろしいでしょうか？」

O「今、君はどう思うとたずねられて、」

F「正直、悔しいです。そう聞いてもらえてはじめて、この場でお伝えできるような意見を持ち合わせていないことに気づいたからです」

N「自分も、先輩のように何を聞かれても自分の意見を言えるようになりたいです」

R「会議が終わってから、5分でかまいませんので相談に乗っていただけないでしょうか」

こういうシチュエーションは会議に限りません。営業先、あるいは日常会話でも、意見を求められた時に答えを持ち合わせていないということはよくありますし、その事実を正直に伝えるのは勇気がいります。それらしいことを言って、上手くごまかしたくなるものです。

でも残念ながら、上手く隠せたと思っても、焦りや不安は想像以上にまわりに伝わっているもの。そこでどんなに言葉を尽くしたとしても、結局は自分の中にあるものしか出てきません。それなら潔く正直に伝えて、代替案をリクエストするほうが好印象だと思うのですが、いかがでしょうか。

自分で言葉を選ぶ生き方へ

私たちは毎日、何かの話をしながら生きています。

そんな人間の言動はすべて、ニーズを満たそうとするものだと本書でお伝えしてきました。そしてそのニーズに気づかないまま、無意識のうちに何かを話してしまっていることも。

「どうしてあんなことを言ってしまったんだろう」

「なぜあそこで相手の言葉を待てなかったんだろう」

落ち着いてあとから考えてみればわかることが、感情に飲み込まれた瞬間には見えなくなってついい何かを言ってしまう。でも一度言った言葉を取り消すことはできません。それは相手の耳や心に突き刺さり、時に大切な関係を壊してしまうことさえあるでしょう。

でもその時の言葉は、あなたの本音ではなかった。

私はそう思います。

だからこそ、感情が動いた時ほど本音に気づき、それを相手に伝え、まわりの人との関係を深めてほしい。そのための方法を身につけてほしいと願うのです。


すべての人の中に、同じニーズがある。

その気づきは、行き過ぎた個人主義といわれる現代社会において、つながりを取り戻す可能性を与えてくれます。私たちは、違う身体と、違う価値観を持つ、違う人間だけれど、同じニーズを満たそうとして生きる、同じ人間なのです。

少子化に高齢化と社会の構成が変わりゆく中、人々の結びつきはこれまで以上に大きな価値を持ち始めるでしょう。家族のつながりはもちろんのこと、仲間や友だち、一緒に働く人や地域の人など、まわりの人たちとの関係が、あなたの人生に欠かせない宝物であることは言うまでもありません。


本音に気づく会話術。

それは、あなた自身を、まわりの人たちを、そしてお互いの人生を大切にしながら共に生きていく、そのための方法だと私は思っています。

そして、どんな人も、その方法を身につけることができると。

あなたのこれからの毎日が、つながりに満ちた人生でありますように。

そして、この本が、そのための一助となれますように。

〈172-173頁の正解例〉

①「静かに、座っていてくれませんか」
「声を半分くらいの大きさにしてもらえませんか」

②「混み合う電車の中では、マスクをつけてほしいな」
「帰ったら手を洗ってうがいをしてね」

③「今の話を、メールで私に送ってくれないかな」
「今、もしメモがあれば書き取ってもらえませんか」

④「〇キロになるまで、今の食事を続けませんか」
「目標体重を達成するまで、ご飯は半膳にしませんか」

⑤「このページは、誤字脱字がないか終わった後に3回確認をしてもらえませんか」
「このレポートは、終わったら一度声に出して読んで確認してくれないかな」

おわりに

「ちょっと高すぎますよ」

私の主宰するセミナーに通う受講生の方に、そう言われた時のことです。私はムキになって言葉を返しました。

「そんなことありませんよ。私自身、もっと高い講座でも学んでいるし、私の友だちが行っているセミナーなんて何百万もするんですよ」

本当は、誰にも言いたくない私の恥ずかしい体験です。

なんてことを言ってしまったんだろう。あんなことを言っても仕方がないのに。だいたい私は講師なのよ。それなのに、講師として完全に失格だわ。

それからしばらくの間、私はそうやって自分を責め続けていました。

そんな時、こう言ってくれた人がいたのです。

「暁子さんは、その価格を決めるのにいろんなことを考えたんじゃないかな。他のサービスと比較したり、カリキュラムも一所懸命に考えて、適正な価格にしたいって。生徒さんに、その努力をわかってほしかったんじゃないのかな」

突然、涙が溢れてきました。そうだ。私は、あんなことを言いたかったんじゃない。たくさんの人に価値ある学びを提供したくて、でもビジネスとしても利益を生んで自分や社員が生活できるようにする必要もあって、どうすればいいんだろうってすごく悩んで苦労して決めたんだ。そのことをわかってほしかったんだ……。

私は、ずっと自分を責め続けていた苦しみから解放されました。胸を締めつけていた力がふっと緩み、全身の緊張が解けていく。そんな体験をしたのです。

もっと自分の本音を知りたい。

私も、相手の本音を聞ける人になりたい。

そして、大切な人たちと本音で語り合いたい。

そんな願いとともに今も歩み続ける道のりを書いたのが、この本です。

私に、はじめて本音を気づかせてくださった安納献《あんのうけん》さん。

本音にたどり着く旅路を一緒に探求してくれるＣＣＬ（Community for Creative Leadership）のみんな。

そして、この本を世に送り出すことを可能にしてくださった編集の天野潤平さんとポプラ社のみなさまに心から感謝申し上げます。

この本が、どうかあなたのお力になれますように。

最後まで読んでくださって、本当にありがとうございました。

西任暁子

参考文献

マーシャル・B・ローゼンバーグ（安納献 監訳・小川敏子 訳）
『NVC 人と人との関係にいのちを吹き込む法』、
日本経済新聞出版社、2012年

山崎哲支
『実務入門　NPLの基本がわかる本』、
日本能率協会マネジメントセンター、2007年

荻野淳也・木蔵シャフェ君子・吉田典生
『世界のトップエリートが実践する集中力の鍛え方 ハーバード、
Google、Facebookが取りくむマインドフルネス入門』、
日本能率協会マネジメントセンター、2015年

高野 登
『一流の想像力』、PHP研究所、2015年

Ⅱ.ニーズが満たされていない時の感情

怒

怒り
腹が立つ
激怒
怒り狂う
むかつく
憤り
不愉快
白ける
面白くない
反感
むかむか
我慢ならない
むしゃくしゃ
癪に障る
不機嫌
不満
不服
荒々しい
不快
苦々しい
疎ましい
嫌悪
憎い
憎たらしい
恨み
心外
屈辱
妬ましい
忌々しい
幻滅
失望
むきになる
軽蔑
頭にくる
不本意

悲

悲しい
物悲しい
痛む
引き裂かれる
心苦しい
感傷
傷つく
悲嘆
嘆き
不憫
しんみり
淋しい
侘しい
ほろ苦い
孤独
取り残される
空しい
沈む
物足りない
残念
無念
惜しい
未練
心残り
くよくよ
悔しい
後悔
げんなり
つらい
やるせない
胸が痛い
途方に暮れる
絶望
がっかり
張り裂ける

怖

緊張
張り詰める
こわばる
窮屈
ぞっとする
身震いがする
不気味
怖い
恐ろしい
ひやっ
身の毛がよだつ
怯える
おののく
震える
立ちすくむ
小さくなる
気後れ
臆病
怖気づく
恐れ多い
びくびく
はらはら
心細い
心許ない
心配
気がかり
不安
躊躇
憂い
気持ち悪い
ぞっとする
萎縮
血の気が引く
パニック
疑い深い

恥

恥ずかしい
照れくさい
ばつが悪い
こそばゆい
屈辱
面目ない
もじもじ
情けない
後ろめたい
恐縮
惨め

揺

驚く
仰天
はっとする
衝撃
動揺
愕然
慌てる
ためらう
まごつく
呆れる
ぽかんとする
茫然
焦り
浮つく
落ち着かない
気ぜわしい
いたたまれない
気が気でない
歯がゆい
やきもき
じれったい
もどかしい
混乱

失望
拍子抜け
疑う

疲

ぼうっとなる
うんざり
怠惰
無気力
ふさぐ
憂鬱
どんより
くさくさ
じめじめ
暗い
沈む
気が重い
だるい
無気力
疲れた
無力感
飽き飽き
不安定
ぼんやり
麻痺した
無関心
がっかり
やぶれかぶれ
荒む

憧

焦がれる
せつない
感傷的
うらやましい
悩ましい

・このリストは、感情の一部であり、すべてではありません。
・このリストは、マーシャル・ローゼンバーグ氏のオリジナルリストを元に大勢の協力でつくられました。

改定 西任暁子

感情リスト

I.ニーズが満たされている時の感情

愛・恋・好

熱を上げる
慕わしい
愛しい
恋しい
惚れ惚れする
引き込まれる
心奪われる
うっとり
しびれる
浮かれる
高鳴る
憧れる
尊ぶ
好き
親しみ
ふわふわ
夢中
懐かしい
慈悲
あたたかい
誇らしい
やさしい
興味津々
熱中
魅了される

喜

喜び
愉快
うれしい
ほくほく楽しい
面白い
明るい
晴れやか
痛快
ご機嫌
にこやか

動

活気づいた
やる気に満ちている
楽観的
前向き
元気いっぱい
励まされる
感極まる
感銘
感動
じいんと(くる)
わくわく
うきうき
るんるん
弾む
力がみなぎる
好奇心
驚き
熱心

安

ほっとする
肩の荷が下りる
救われる
緩む
のんびり
くつろぎ
安心
安らか
和やか
落ち着く
冷静
平静
揺るぎない
気軽
気楽
オープン
平穏
大丈夫

幸

達成感
満足感
浮かれる
ありがたい
感謝
充実
幸福
誇らしい
有頂天
幸せ
至福
歓喜
胸がいっぱい

爽

すっきり
さわやか
さっぱり
清々しい
快い
心地良い
研ぎ澄まされた

つながり

信頼
相互依存
多様性
コミュニティ・仲間
大切にすること
大切にされること
帰属・所属
調和
一緒にいること
つながり
高め合うこと
参加
交流
分かち合うこと
承認
認めること
認めてもらうこと
協力
透明性
コミュニケーション
親密さ
触れること・触れ合い

思いやり

思いやり
尊敬・尊重
配慮・気遣い
愛・愛情
あたたかさ
気にかける・ケアする
やさしさ

あそび

創造性
ユーモア
直観
インスピレーション
学び
あそび
好奇心
刺激
探求
表現
性的表現
挑戦

自主性

自由
誠実さ
選択
正直さ
自発性・自主性
自覚
超越・飛躍
繊細さ
計画性
一貫性
流れ(フロー)
能力
効率性
責任
成長
自立

・このリストは、ニーズの一部であり、すべてではありません。
・このリストは、マーシャル・ローゼンバーグ氏のオリジナルリストを元に大勢の協力でつくられました。

改定 西任暁子

ニーズリスト

意味

本物であること
嘘じゃないこと
美しさ
意味
祝福・お祝い
貢献
目的
統合
意識
希望

生命・生活の維持

食べ物
生命・生活の維持
心身の健やかさ・健康
整理・整頓
住まい
発達・発展
力・パワー
独立
活力（イキイキ）
強さ
豊かさ
空気
運動

守ること

安全
秩序
安定
支え・サポート
プライバシー
平和
平等
安心
尊厳
信念

休息

スペース・空間・場
休息・睡眠
気楽さ
ゆとり
快適さ
癒し
静けさ
気の置けなさ
無防備
開かれていること（オープン）

理解

明確さ・明晰さ
受け入れること
受け入れてもらうこと
聞くこと・聞いてもらうこと
見ること・見てもらうこと
共感
知ること・知ってもらうこと
理解すること・理解されること
存在・存在感
気づき・発見

ブックデザイン　小口翔平＋三森健太（tobufune）
イラスト　Takashi Koshii

西任暁子 Nishito Akiko

U.B.U.株式会社　代表取締役

大阪生まれ、福岡育ち。アメリカへ高校留学した後、慶應義塾大学総合政策学部に入学。在学中からFMラジオのDJとして第一線で活躍。国内外の著名人5000人から本音を引き出すインタビューを経験するなかで、話し手・聞き手両方の立場から「わかりやすく伝える方法」について探求を重ねてきた。

独立後は「話し方の学校」を開校し、2年半にわたって学長として指導。現在は、スピーチやファシリテーション、コミュニケーションを軸に企業のリーダー育成に従事するほか、クリエイティブ・リーダーシップ養成講座を開講。人間の創造性を最大限に引き出すメソッドが各方面から高い評価を得ている。

MCを務めるポッドキャストプログラム「マンツーマン英会話Gaba Gstyle English シチュエーション別英会話」は、毎月700万ダウンロードを超え、「iTunes Rewindオールタイム ベストビデオPodcast」を3年連続受賞。

また、歌手としても活動し、「言葉」と「声」の表現力を磨き続けている。

著書に『「ひらがな」で話す技術』（サンマーク出版）、『話すより10倍ラク! 聞く会話術』（ディスカヴァー・トゥエンティワン）。
U.B.U.株式会社 ホームページ　http://u-b-u.jp

本音に気づく会話術

2016年4月7日　第1刷発行

著者　　　西任暁子

発行者　　長谷川均
編集　　　天野潤平
発行所　　株式会社ポプラ社
　　　　　〒160-8565　東京都新宿区大京町22-1
　　　　　電話03-3357-2212(営業)　03-3357-2305(編集)
　　　　　振替　00140-3-149271
一般書編集局ホームページ　http://www.webasta.jp/

印刷・製本 中央精版印刷株式会社

N.D.C.809/215P/19cm　ISBN978-4-591-14992-8